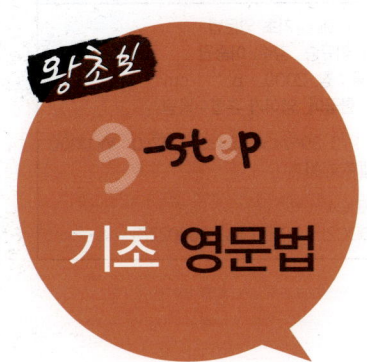

왕초보
3-step
기초 영문법

국립중앙도서관 출판시도서목록(CIP)

왕초보 3-step 기초 영문법
지은이: 이규승 감수: 이승원
— 서울 : 창, 2009 p. ;   cm
본문은 한국어, 영어가 혼합수록됨

ISBN 978-89-7453-184-3 13740 : ₩11000
영문법[英文法]

745-KDC4
425-DDC21   CIP2009002272

왕초보 3-step 기초 영문법

2009년 08월 10일 1쇄 발행
2023년 04월 25일 13쇄 발행

지은이 | 이규승
감 수 | 이승원
펴낸이 | 이규인
디자인 | 박선영
펴낸곳 | 도서출판 **창**
등록번호 | 제15-454호
등록일자 | 2004년 3월 25일

주소 | 서울특별시 마포구 대흥로4길 49, 1층(용강동 월명빌딩)
전화 | (02) 322-2686, 2687 / **팩시밀리** | (02) 326-3218
홈페이지 | http://www.changbook.co.kr
e-mail | changbook1@hanmail.net

ISBN 978-89-7453-184-3   13740

정가 11,000원

*잘못 만들어진 책은 〈도서출판 **창**〉에서 바꾸어 드립니다.

*이 책의 저작권은 〈도서출판 **창**〉에 있습니다.
 저작권법에 의해 보호를 받는 저작물이므로 무단 전재와 복제를 금합니다.

왕초보 3-step 기초 영문법

Basic English Grammar

창
Chang Books

들어가면서...

여러분은 지금 국제화시대에 살고 있습니다. 최근 우리 사회의 이슈이자 많은 분들이 고민하는 부분 중의 하나가 어떻게 하면 미국인처럼 유창하게 영어를 잘 할 수 있을까? 하는 바람일 것입니다. 이러한 시대 상황을 고려해 편집·제작된 책이 바로 '왕초보 3-step 기초 영문법' 입니다. 수많은 영어학습의 방법들이 있지만 생각만큼 효과를 얻기란 쉽지 않습니다. 그렇다면 영어초보자에게 있어 가장 쉽고 중요한 기초 영어문법의 요소는 무엇일까? 발음, 문법, 어휘, 물론 모두 중요하지만 가장 중요한 것은 지금 당장 할 수 있는 자신감입니다. 이 책은 바로 이러한 분들을 위해 아주 기초적인 문법에서부터 수준 높은 문법까지 단계별(3-step)로 구성되어 있어 영어 초보자라도 쉽게 접근할 수 있도록 만들어진 학습서 입니다.

그 동안 중고등학교와 대학교를 마치면서 영어는 반드시 읽혀야 할 필수과목으로 되어 왔습니다. 요즘에는 세계화 시대에 발맞추어 영어는 초등학교부터 시작해야 하는 필수 학문으로 되었습니다. 필자는 이렇게 많은 시간을 투자하면서 배워온 영어를 많은 분들에게 '영어를 좀더 쉽고 효율적으로 할 수 있는 학습 방법이 없을까' 하는 생각을 해오던 중 드디어 이번에 '왕초보 3-step 기초 영문법' 이라는 책을 출간하게 되었습니다.

언어기술은 습관적으로 반복함으로써 습득되고 향상됩니다. 영어를 마스터하기 위해 학습자의 인내와 끈기를 필요로 하지만 보다 더 쉽고, 빠르고, 효율적으로 학습할 수 있는 방법은 꾸준히 기초부터 다진 후 학습자 스스로 터득하는 것' 이라고 생각합니다. 그래서 이 책은 손쉽게 영어공부의 재미와 자신감을 느낄 수 있도록 효과적이면서 과학적으로 만들어졌습니다.

F o r e w o r d

    이 책의 구성을 살펴보면 part1, part2, part3으로 나누어져 가장 필수적인 문장만을 엄선한 총 27개의 문형으로 나누어져 있습니다. 또한 쉽고 흥미있게 공부할 수 있도록 단원해설과 요점정리, 문법코너와 참고사항 등을 상세히 실었습니다.
    제 아무리 복잡한 문장이라도 그 기본단위는 개별적인 단문입니다. 따라서 기초적인 단문을 암기하고 있음으로써 보다 복합적인 문장을 이해하고 표현할 수 있는 것입니다. 이런 의미에서 본서는 기본적인 영어 문형의 이해를 위한 것이며 영문 표현의 입문서라고 할 수 있습니다.

    part1에서 영어학습를 위한 가장 기초적인 문장과 품사를 정리하여 문법에 반드시 필요한 기본 품사만을 기술하였습니다.
    part2에서는 학습자의 주관적인 입장에서 궁금해 하던 동사부분을 비롯해 시원하게 접근 방식으로 문형을 정리하였습니다.
    part3편에서는 기초적인 문법만으로 부족한 부분을 예문을 통해 읽힌 후 가능한 한 보다 수준 높은 문형에 익숙해지도록 하였습니다. 각각의 영어문장은 유용한 표현을 먼저 읽힌 후, 각각의 상황에 맞는 예문을 통하여 익숙해지도록 하였으며, 문장 연습을 통하여 최대한 반복적인 학습효과가 나타날 수 있도록 고려하였습니다. 또한, Tip을 통하여 추가적인 문법과 주요해설을 설명하였을뿐만 아니라 주요 어휘나 숙어 등을 추가하였습니다.

    영어 학습을 정복하는 데에는 여러 가지 방법이 있겠지만 공통적인 것은 많이 읽고 반복적으로 꾸준히 학습하는 것입니다. 눈으로 보고 암기하는 것만으로는 부족합니다. 반드시 연습문제를 풀어보고 자신의 것으로 영문법을 만드는 것입니다.
    아무쪼록 본서가 여러분의 충실한 영어 반려자가 되기를 바라는 마음 간절합니다.

차 례

Part 1 1-step

제 1장   문장(Sentence)과 품사(Parts of speech) ········ **10**
제 2장   문장의 구성요소 및 문장의 5형식 ············· **16**
제 3장   문장의 종류 ···························· **26**
제 4장   구(Phrase)와 절(Clause) ················· **36**
제 5장   관사(Article) ·························· **44**
제 6장   명사(Noun) ··························· **56**
제 7장   대명사 I(Pronoun) ····················· **70**
제 8장   대명사 II(Pronoun) ···················· **80**
제 9장   동사의 시제 I(Tense) ·················· **90**

Part 2 2-step

제 10장   동사의 시제 II(Tense) ················· **100**
제 11장   조동사(Auxiliary Verb) ················ **108**
제 12장   부정사(Infinitive) ····················· **122**
제 13장   동명사(Gerund) ······················ **138**
제 14장   분사(Participle) ······················ **148**
제 15장   분사구문 ··························· **154**
제 16장   형용사(Adjective) ···················· **164**
제 17장   부사(Adverb) ························ **184**
제 18장   의문사(interrogative) ················· **198**

Part 3 3-step

제19장 관계대명사 I(Relative Pronoun) · · · · · · · · · · · · · 210

제20장 관계대명사 II(Relative Pronoun) · · · · · · · · · · · · 216

제21장 관계부사(Relative Adverb) · · · · · · · · · · · · · · · 228

제22장 태(Voice) · 238

제23장 법(Mood) · 250

제24장 일치와 화법(Agreement and Narration) · · · · · · · 262

제25장 접속사(Conjunction) · · · · · · · · · · · · · · · · · · · 276

제26장 전치사(Preposition) · · · · · · · · · · · · · · · · · · · 290

제27장 특수구문 · 310

● 연습문제 정답 · 323

＊부록＊

로마자 한글 표기 · 338

수사 읽는 방법 · 339

형용사 · 부사 변화표 · 341

불규칙 동사 변화표 · 342

불규칙 복수형 명사 변화표 · · · · · · · · · · · · · · · · · · 343

> The early bird catches the worm.
> 일찍 일어나는 새가 벌레를 잡는다.

제1장	문장(Sentence)과 품사(Parts of speech)
제2장	문장의 구성요소 및 문장의 5형식
제3장	문장의 종류
제4장	구(Phrase)와 절(Clause)
제5장	관사(Article)
제6장	명사(Noun)
제7장	대명사 I(Pronoun)
제8장	대명사 II(Pronoun)
제9장	동사의 시제 I(Tense)

문장(Sentence)과 품사(Parts of speech)

01 문장과 품사의 정의

1) 문장(Sentence)

일련의 단어들이 문법적 구조를 형성, 완전한 의미를 나타내는 것을 문장이라고 한다.
문장 첫 글자는 대문자로, 문장 끝에는 마침표, 물음표, 느낌표 등을 두어야 한다.

2) 품사(Parts of speech)

단어를 문법적 기능, 형태 및 의미에 따라 나눈 갈래를 품사라 한다. 영어에서 8개의 품사로 구분하였는데 이를 '8품사'라 부른다.

02 품사의 종류 및 예

1) 명사 (Noun) : 사람, 사물 등의 이름을 나타내는 말.
예 Young Hee, apple, dog, dream

2) 대명사 (Pronoun) : 명사를 대신해서 쓰이는 말.
예 he, she, this, those

3) 동사 (Verb) : 사람이나 사물의 동작이나 상태를 나타내는 말.

예 come, run, be, drive

- ▶ be동사는 실제 동작을 나타내지는 않으나 상태를 나타내므로 동사이다.
- ▶ 조동사는 동사와 같은 역할을 하므로 동사에 속한다.

4) 형용사 (Adjective) : 명사나 대명사의 성질, 모양, 상태 등을 나타내는 말. 명사나 대명사를 꾸며 주거나 설명해 준다.

예 big, young, beautiful, cute

- ▶ 꾸며주는 용법 (한정용법) : a beautiful girl(아름다운 소녀) → beautiful은 명사 girl을 꾸며준다.
- ▶ 설명해주는 용법 (서술용법) : She is cute. (그녀는 귀엽다.) → cute는 She를 설명해준다.
- ▶ 관사나 수사는 형용사의 역할을 하므로 넓은 범주의 형용사에 속한다.

5) 부사 (Adverb) : 동사, 형용사, 부사(문장 전체)를 꾸며주거나 한정하는 말.

예 fast, very, hard, soon

- ▶ He runs fast. (그는 빨리 달린다.) → fast는 run(동사)를 꾸며주고 있다.
- ▶ He is very strong. (그는 매우 힘이 세다.) → very는 strong(형용사)를 꾸며주고 있다.
- ▶ He runs very fast. (그는 매우 빨리 달린다.) → very는 fast(부사)를 꾸며주고 있다.

6) **전치사 (Preposition)** : 명사, 대명사의 앞에 위치하여 시간, 장소, 동작, 상황을 기술해주는 말. 우리말의 조사에 해당하는 것으로 단독으로 쓰이지 못한다.

  예 at, in, to, from, with

  ▶ He goes to church. (그는 교회에 간다.) → to는 전치사로서 명사 church의 앞에 와서 '교회에'라는 뜻으로 장소를 기술해 주고 있다.

  ▶ He sings with her. (그는 그녀와 함께 노래한다.) → with는 대명사 her 앞에 와서 '그녀와 함께'라는 뜻으로 동작관계를 기술해 주고 있다.

7) **접속사 (Conjunction)** : 단어와 단어, 구와 구, 문장과 문장을 연결해 주는 말.

  예 and, but, since, as, because

8) **감탄사 (Interjection)** : 기쁨, 슬픔, 놀람, 고통 등의 감정을 나타내는 말.

  예 oh!, gosh!, oops, Jesus!, Bravo!

03 주부와 술부

1) 주부와 술부의 정의

주부란 문장의 주체가 되는 부분을 말하고 '은(는)', '이(가)'로 표현한다. 술부란 주부 이외의 부분을 말하는 것으로 주부의 동작이나 상태를 나타내며 '~이다', '~을 하다'에 해당하는 말이다. 모든 문장은 주부와 술부로 나눌 수 있으며 문장에 따라 주부가 앞에 나올 수도 있고 뒤에 나올 수도 있다.

주 부	술 부
I (나는)	am a student. (학생이다.)
Baseball(야구는)	is my favorite sports. (내가 가장 좋아하는 스포츠다.)
The dog coming to me (나에게 오는 개는)	is hers. (그녀의 것이다.)
The girl sitting next to him (그 옆에 앉아 있는 그 소녀는)	is very beautiful. (매우 아름답다.)

2) 주부와 술부의 도치

평서문에서 보통 '주부 + 술부'의 어순이지만 의문문과 감탄문 또는 부정문의 도치(도치문)에서 '술부 + 주부'의 어순이 된다.

① <u>Who is</u> <u>the lady dancing over there?</u> (저기에서 춤추고 있는 숙녀는
　　술부　　　　　주부
누구지?) → **의문문**

② <u>What an interesting story</u> <u>it</u> <u>is!</u> (그것은 얼마나 재미있는 이야기인
　　　　술부　　　　　　　　주부　술부
가!) → **감탄문**

③ <u>Never again will</u> <u>I</u> <u>visit the country.</u> (나는 다시 그 나라를 방문하
　　　술부　　　　　주부　　　술부
지 않겠다.) → **도치문**

Exercise

제1장 | 문장과 품사

A. 다음 문장에서 밑줄 친 단어의 품사는?

1. She runs <u>fast</u>.

2. I <u>go</u> to school.

3. She is a <u>beautiful</u> girl.

4. A <u>rose</u> is on the desk.

5. He is healthy <u>and</u> strong.

6. It is <u>funny</u>.

7. Do you like <u>her</u>?

8. I studied <u>very</u> hard.

9. I came <u>to</u> my house.

10. <u>Oh!</u> Dear. That's not my hope.

B. 다음 문장에서 두 단어 중 알맞은 것을 고르시오.

1. She is very (cute, cutely).

2. I usually go (to, at) school.

3. The student runs (fast, fastly).

● 연습문제 ●

4. He studies very (hard, hardly).

5. How (fluent, fluently) she speaks English!

6. Come (and, or) see us again.

7. She came to my house (with, to) her boyfriend.

8. (How, What) fast time goes by!

9. This question seems (easy, easily).

10. He is small, (and, but) he is very strong.

C. 다음 문장에서 밑줄 친 단어의 품사는?

1. Thank you very <u>much</u>.

   We had <u>much</u> snow last year.

2. He got up <u>late</u> in the morning.

   She is <u>late</u> for school today.

3. She keeps her room <u>clean</u>.

   You should always <u>clean</u> your room.

4. Leave <u>before</u> daylight.

   I have seen that film <u>before</u>.

5. I worked <u>as</u> hard as I could.

   I will do <u>as</u> you want.

제 2장 문장의 구성요소 및 문장의 5형식

01 문장의 구성요소

문장은 크게 주어, 서술어(동사로 약칭), 목적어, 보어로 구성되는데 이것을 문장의 4구성요소라 하며 중요한 뼈대를 이룬다. 그 외 나머지는 모두 수식어로 이루어져 있다.

1) 주어 (Subject) : 우리말의 '은(는)', '이(가)'로 해석되며, 8품사 중에 명사, 대명사 또는 명사상당어구가 주어로 쓰일 수 있다.

① **Merry** sings a song. (메리가 노래를 부른다.) → **명사**

② **He** loves her. (그는 그녀를 사랑한다.) → **대명사**

③ **To become a doctor** is not easy. (의사가 되는 것은 쉽지 않다.)
  → **부정사**

④ **Swimming** is good for the health. (수영하는 것은 건강에 좋다.)
  → **동명사**

⑤ **What** happened? (무슨 일이 일어났는가?) → **의문사**

⑥ **That he will succeed** is certain. (그가 성공할 것은 확실하다.) → **절**

2) 서술어 (Verb) : 우리말의 '~이다, ~하다'로 해석되며, 주어의 동작, 상태, 성질을 나타낸다. 8품사 중에 동사가 서술어로 쓰일 수 있다.

① He **is** a student. (그는 학생이다.) → **현재**

② I will go to school. (나는 학교에 갈 것이다.) → 미래

③ She ran fast. (그녀는 빨리 달린다.) → 과거

④ I have spent a lot of money. (나는 많은 돈을 소비하였다.) → 현재완료

⑤ He will have finished his work by tomorrow. (그는 내일까지 일을 끝낼 것이다.) → 미래완료

3) 목적어 (Object) : 우리말의 '~을/를, ~에게'로 해석되며, 동작의 대상이 된다. 8품사 중에 명사, 대명사, 또는 그 상당어구가 목적어로 쓰일 수 있다.

① She likes a doll. (그녀는 인형을 좋아한다.) → 명사

② I love her. (나는 그녀를 사랑한다.) → 대명사

③ He likes to sing a song. (그는 노래 부르는 것을 좋아한다.) → 부정사

④ I bought what I need. (나는 필요한 것을 샀다.) → 절

⑤ I gave him a pencil. (나는 그에게 연필을 주었다.) → 대명사, 명사

TIP PLUS

• 동족 목적어 : dream, live 등은 동사와 동일한 의미를 갖는 명사를 목적어로 취하는 경우가 간혹 있는데 이를 동족 목적어라 한다.
① I dreamed a dreadful dream. (나는 무서운 꿈을 꾸었다.)
② She lived a happy life. (그녀는 행복하게 살았다.)

4) 보어 (Complement): 동사만으로는 문장이 완전하지 않아 보완해 주는 성분으로 8품사 중에 명사, 대명사, 형용사 또는 그 상당어구가 보어로 쓰일 수 있다.

① I am a teacher. (나는 선생님이다.) → 명사가 주격보어로서 주어를 보완한다. (I=teacher)

② She is beautiful. (그녀는 아름답다.) → 형용사가 주격보어로서 주어를 보완한다. (she=beautiful)

③ He made her sad. (그는 그녀를 슬프게 하였다.) → 형용사가 목적격 보어로서 목적어를 보완한다. (her=sad)

④ My mother made me a doctor. (어머니는 나를 의사로 만들었다.) → 명사가 목적격 보어로 목적어를 보완한다. (me=doctor)

⑤ The court judged him guilty. (법정은 그에게 유죄판결을 내렸다.) → 형용사가 목적격 보어로 목적어를 보완한다. (him=guilty)

TIP PLUS

- **유사보어** : die, go, marry, remain 등의 동사는 완전자동사이지만 주어의 동작이나 상태를 나타내기 위해 뒤에 명사, 형용사 등이 와서 보어와 유사한 역할을 하는 데 이들을 유사보어라 한다.

  ① He died a hero. (그는 영웅으로 생을 마쳤다.) → die는 '~의 상태로 죽다'의 의미

  ② The house went cheap. (그 집은 헐값에 팔렸다.) → go는 '~으로 팔리다'의 의미

  ③ She married young. (그녀는 젊어서 결혼했다.) → marry는 '~의 상태로 결혼하다'의 의미

  ④ He remained silent. (그는 침묵을 지켰다.) → remain은 '~의 상태로 남다'의 의미

◆ 문장의 4요소가 될 수 있는 품사는 다음과 같다.
- 명사 → 주어, 보어, 목적어
- 대명사 → 주어, 보어, 목적어
- 동사 → 서술어
- 형용사 → 보어
※ 부사나 그 밖의 품사는 수식어로서 문장요소가 될 수 없다.

02 문장의 5형식(Sentence form)

영어의 모든 문장은 동사의 종류에 따라 다음과 같이 5가지 형식으로 분류한다. 문장의 형식은 문장의 4요소(주어, 동사, 목적어, 보어)로 판단하고 부사 등의 수식어는 형식에 영향을 미치지 않는다.

제 1 형식 : S + V	S → 주어 (Subject)
제 2 형식 : S + V + C	V → 동사 (Verb)
	C → 보어 (Complement)
제 3 형식 : S + V + O	O → 목적어 (Object)
제 4 형식 : S + V + IO + DO	IO → 간접 목적어(Indirect object)
제 5 형식 : S + V+ O + C	DO → 직접 목적어(Direct object)

1) **제 1 형식 (S + V)** : 주어(S)와 동사(V)로만 이루어진 문장 (완전자동사). 주어와 동사만으로 완전한 문장을 이루기 때문에 목적어, 보어를 필요로 하지 않는다. 1형식이라고 '주어 + 동사'만으로 쓰이는 문장은 드물고 주로 수식어가 따르게 된다.

기초 영문법 **19**

① Spring comes. (봄이 오고 있다.)

② She runs fast. (그녀는 빨리 달린다.) → fast는 동사 run을 꾸며주는 부사로 문장 요소가 아니다.

③ The child swims well. (그 아이는 수영을 잘한다.) → well은 동사 swim을 꾸며주는 부사로 문장 요소가 아니다.

④ He works ten hours a day. (그는 하루에 10시간 일한다.) → ten hours a day는 부사구로 문장요소가 아니다.

- **완전자동사의 예** : cry, fly, sit, walk, fall, grow, rise, die 등

2) **제 2 형식 (S + V + C)** : 동사(V)만으로는 뜻이 불완전하여 보어(C)가 필요한 문장 (불완전 자동사). 보어로는 명사, 형용사, 또는 명사나 형용사 역할을 하는 어구(상당어구)가 올 수 있다.

① He became a teacher. (그는 선생님이 되었다.) → become은 a teacher라는 보어를 취하여 뜻이 완전해진다.

② She is pretty. (그녀는 아름답다.) → is는 pretty라는 형용사를 보어로 취하여 뜻이 완전해진다.

③ Tom looks happy. (톰은 행복해 보인다.) → look은 happy라는 형용사를 보어로 취하여 뜻이 완전해진다.

④ That sounds good. (그것은 좋아 보인다.) → sound는 good이라는 형용사를 보어로 취하여 뜻이 완전해진다.

- **불완전 자동사의 예** : be동사, become, look, remain, get, turn, sound, taste 등

3) 제 3 형식 (S + V + O) : 목적어(O)를 필요로 하는 문장 (완전 타동사). 일반적으로 가장 많이 사용하는 문장이다.

① I like you. (나는 당신을 좋아한다.)

② He loves her. (그는 그녀를 사랑한다.)

③ She opened the door. (그녀는 문을 열었다.)

④ We solved the problem. (우리는 그 문제를 해결하였다.)

> • 완전 타동사의 예 : love, like, know, break, cut, forget, make, solve 등

4) 제 4 형식 (S + V + IO + DO) : 간접 목적어와 직접목적어 2개를 필요로 하는 문장. 즉 간접 목적어(사람)는 '~에게'로, 직접 목적어(사물)는 '~을(를)'로 해석하고 이 때 사용되는 동사를 수여동사라 한다.

① I gave her a book. (나는 그녀에게 책을 주었다.)

② He bought me a gift. (그는 나에게 선물을 사 주었다.)

③ She sent him a parcel. (그녀는 그에게 소포를 보냈다.)

④ They showed me the picture. (그들은 나에게 그림을 보여 주었다.)

> • 수여동사의 예 : give, buy, send, make, ask, lend, show, teach 등

5) 제 5 형식 (S + V + O + C) : 목적어와 보어를 필요로 하는 문장(불완전 타동사). 이때 보어는 주어가 아닌 목적어를 보완해 주어 목적보어라 불린다.

① **I made my son a teacher.** (나는 아들을 선생님이 되게 하였다.) (my son = a teacher)

② **He made her angry.** (그는 그녀를 화나게 하였다.) (형용사 보어 angry는 her를 보완 설명)

③ **She found the story interesting.** (그녀는 이야기가 재미있다는 것을 알았다.) (형용사 보어 interesting은 the story를 보완 설명)

④ **Call me Smith.** (나를 스미쓰라고 불러 주세요.) (me=Smith)

- 불완전 타동사의 예 : make, find, call, name, elect, prove, think 등

03 4형식 문장의 목적어 전환

4형식 문장은 간접 목적어와 직접 목적어를 서로 전환할 수 있다. 이 때 간접 목적어를 직접 목적어 뒤로 전환할 경우 간접목적어 앞에 적절한 전치사 (to, for, of)를 써 주어야 한다.

이러한 경우, '전치사+간접 목적어'는 부사구가 되어 4형식의 문장이 3형식 문장이 되는 것이다.

간접목적어를 직접목적어로 전환시 전치사는 동사에 따라 결정된다.
- 전치사 to를 쓰는 동사 : give, lend, bring, sell, teach, send, hand, pay 등
- 전치사 for를 쓰는 동사 : buy, get, choose, find, make, cook 등
- 전치사 of를 쓰는 동사 : ask, do 등

① I gave her a book. (나는 그녀에게 책을 주었다.) (4형식)
　→ I gave a book to her. (3형식)

② She bought me a bike. (그녀는 나에게 자전거를 사주었다.) (4형식)
　→ She bought a bike for me. (3형식)

③ He asked her a question. (그는 그녀에게 질문을 하였다.) (4형식)
　→ He asked a question of her. (3형식)

Exercise 제2장 | 문장의 구성요소 및 문장의 5형식

A. 다음 문장에서 밑줄 친 부분이 문장의 4요소 중 무엇인지 밝히시오.

1. <u>What</u> happened.

2. I made her very <u>sad</u>.

3. Nobody knows <u>when they will die</u>.

4. <u>Turn</u> left at the right corner.

5. I can't tell you when <u>he will come back</u>.

6. <u>That she will pass the examination</u> is certain.

7. Seeing is <u>believing</u>.

8. When will the meeting <u>take place</u>?

9. <u>To become a doctor</u> is not easy.

10. I find it <u>difficult</u> to finish the work by tomorrow.

B. 다음 문장에서 동사의 종류를 구분하시오

1. I went to the library. (   )

2. He is very handsome. (   )

3. She likes this mobile phone. (   )

● 연습문제 ●

4. The teacher gave us a lot of homework. (   )

5. I found this book very interesting. (   )

6. He made her happy. (   )

7. The Second World War ended in 1945. (   )

8. Time flies like an arrow. (   )

9. He became a famous volleyball player. (   )

10. I have met him somewhere before. (   )

C. 다음 4형식을 3형식으로 바꿀 때 빈칸에 알맞은 전치사를 쓰시오.

1. I gave him a pen. → I gave a pen (   ) him.

2. He sent me a parcel. → He sent a parcel (   ) me.

3. She bought him a TV.→She bought a TV (   ) him.

4. The student asked her a question.→The student asked a question (   ) her.

5. She cooked me a curry and rice.→She cooked a curry and rice (   )me.

문장의 종류

문장은 내용에 따라서 평서문, 의문문, 명령문, 감탄문, 기원문 등으로 분류할 수 있으며 긍정이냐 부정이냐에 따라 긍정문과 부정문으로 나눌 수 있다.

01 평서문 (Declarative Sentence)

의문문 · 감탄문 · 명령문에 대해, 사물을 객관적으로 있는 그대로 서술하는 것을 주로 하는 문장으로 '주어 + 동사'의 형태를 취한다. 특별한 수사적 수법을 쓰지 않으며, 문장의 종류에는 긍정문 (Affirmative sentence)과 부정문 (Negative sentence)이 있다.

긍정문	부정문 만드는 방법	부정문
She is kind. He will come soon. I like her.	be동사 → be동사 + not 조동사 → 조동사 + not 일반동사 → 주어 + do not + 동사원형 → 주어 + does not + 동사원형 → 주어 + did not + 동사원형	She is not kind. He will not come soon. I do not like her.

02 의문문 (Interrogative sentence)

의문문에는 의문사가 없는 의문문과 의문사가 있는 의문문이 있다.

평서문	의문문 만드는 방법	의문문
She is pretty. I can do that. He likes music.	be동사 → be동사 + 주어 조동사 → 조동사 + 주어 + 동사원형 일반 동사 → Do + 주어 + 동사원형 → Does + 주어 + 동사원형 → Did + 주어 + 동사원형	Is she pretty? Can I do that? Does he like music?

1) **의문사가 없는 의문문** : yes / no로 답하며 끝을 올려 읽는다.

   ① **Do you like milk?** (당신은 우유를 좋아합니까?) – Yes, I do. (예, 좋아합니다.)

   ② **Can he speak French?** (그는 불어를 말할 수 있습니까?) – Yes, he can. (예, 할 수 있습니다.)

2) **의문사 있는 의문문** : yes / no로 답하지 못하며 끝을 내려 읽는다.

   ① **Who is he?** (그가 누구입니까?) – He is Tom. (그는 톰입니다.)

   ② **How many brothers do you have?** (그는 몇 명의 형제가 있습니까?) – I have two brothers. (두 명 있습니다.)

3) **선택 의문문 (Alternative question)** : 두 개 이상 중에서 선택하는 의문문으로 Yes / no로 답하지 못하며, or 앞은 올려 읽고 or 다음은 내려 읽는다.

① Do you speak English or French? (영어를 합니까, 아니면 불어를 합니까?) - I speak English. (영어를 합니다.)

② Do you like coffee or tea? (커피를 좋아해요, 아니면 차를 좋아해요?) - I like tea. (차를 좋아합니다.)

4) 부가 의문문 (Tag question) : 상대의 동의를 구하거나 확인하는 의도가 내포된 의문문으로 평서문의 뒤에 짧게 덧붙이는 의문문으로 끝을 올려 읽는다.

TIP PLUS

부가 의문문 만드는 방법
1. 긍정은 부정으로, 부정은 긍정으로
2. 동사의 변화(be동사→ be동사, 조동사→ 조동사, 일반동사→ do/does/did)
3. 주어는 대명사로 쓴다.

① He is a student, **isn't he**? (그는 학생이지요, 아닌가요?)
Yes, he is. (예, 그렇습니다.) / No, he is not. (아니요, 그렇지 않습니다.)

② It's a nice day, **isn't it**? (날씨 좋지요, 안 그래요?)
Yes, it is. (예, 그렇습니다.) / No, it is not. (아니요, 좋지 않은데요.)

③ You don't love Jane, **do you**? (당신은 제인을 사랑하지 않지요, 그렇지요?)
Yes, I do. (아니요, 사랑합니다.) / No, I don't. (예, 사랑하지 않습니다.)

영어에서는 긍정의 답이면 무조건 Yes로, 부정의 답이면 No로 대답하지만 이러한 부가의문문에서 우리말은 영어와 반대로 대답한다.

④ Mary is kind, isn't she? (메리는 친절하지요, 안 그런가요?)
　 Yes, she is. (예, 그렇습니다.) / No, she is not. (아니요, 그렇지 않습니다.)

⑤ You can't play the violin, can you? (당신은 바이올린을 켤 수 있지요, 안 그런가요?)
　 Yes, I can. (아니요, 켤 수 있습니다.) / No, I cannot. (예, 켤 수 없습니다.)

⑥ She told you about it, didn't she? (그녀는 당신에게 그것에 대해 말했지요, 안 그랬어요?)
　 Yes, she did. (예, 그녀가 말했습니다.) / No, she didn't. (아니요, 그녀가 말하지 않았습니다.)

5) 간접 의문문 (Indirect question) : 의문문이 종속절을 이끌면서 주절에 있는 동사의 목적어로 종속절(명사절)을 이끄는 의문문으로 의문사가 있는 경우와 의문사가 없는 경우로 구분된다.

> • 의문사가 있는 경우 : 주절 + 의문사 + 주어 + 동사 ~
> • 의문사가 없는 경우 : 주절 + if(whether) + 주어 + 동사 ~

① Do you know? + Who is the man?
　→ Do you know who the man is? (그 남자가 누구인지 아세요?)

② Do you know? + Is he a teacher?
　→ Do you know if (whether) he is a teacher? (그가 선생님인지 아닌지 알고 있어요?)

③ Do you think? + Who is he?
　→ Who do you think he is? (o) (그가 누구라고 생각해요?)
　→ Do you think who he is? (x)

간접의문문에서 think, believe, suppose, guess, imagine 등의 동사가 쓰인 경우 간접의문문의 의문사는 항상 문두에 나와야 한다.

03 명령문 (Imperative sentence)

상대방인 you에게 지시하는 문장으로 you를 생략하고 동사로 시작하는 형식의 문장으로 내용에 따라 긍정명령, 부정명령, 권유명령으로 구분할 수 있다.

1) 긍정명령 (Affirmative Imperative) (동사원형 + ~)

① Be a good boy. (착한 소년이 되어라.)

② Stop crying. (울음을 그쳐라.)

③ Go there. (거기에 가거라.)

④ Please be quiet (Be quiet, please). (조용히 해 주세요.)

> 명령문의 앞이나 뒤에 'please'를 붙이면 '~해 주십시오'라고 간청, 부탁하는 표현이 된다.

2) 부정 명령 (Negative Imperative) (Don't + 동사원형 + ~)

① Don't waste your time. (시간을 헛되게 보내지 마라.)

② Don't tell a lie. (거짓말하지 마라.)

③ Don't do that. (그렇게 하지 마라.)

④ Don't cry, will you? (울지 마라?)

> 부정명령문의 부가 의문문은 일반 명령문의 부가 의문문과 마찬가지로 'will you'이다.

3) 권유 명령 Let's + 동사원형 ~ (~합시다) / Let's not + 동사원형 ~ (~하지 맙시다)

① Let's go out. (밖에 나갑시다.)

② Let's have a break. (잠깐 휴식을 취합시다.)

③ Let's not stay here. (여기 머무르지 맙시다.)

④ Let's go for a walk, shall we? (산보나 하지요?)

> 권유명령문의 부가 의문문은 'shall we'이다.

04 감탄문 (Exclamation)

놀람, 기쁨, 슬픔 등의 감정을 표현하는 문장으로 문미에 감탄부호(!)로 마친다. How로 시작하는 문장과 What으로 시작하는 감탄문이 있다.

> (1) How + 형용사(부사) + 주어 + 동사 !
> (2) What + (a) + 형용사 + 명사 + 주어 + 동사 !

① You are very foolish. (당신은 매우 바보스럽다.) → 형용사 뒤에 명사가 없으면 (1)번 공식

→ How foolish you are! (당신은 얼마나 바보스러운가!)

② He is a very smart boy. (그는 매우 영리한 소년이다.) → 형용사 뒤에 명사가 있으면 (2)번 공식

→ What a smart boy he is! (그는 얼마나 영리한 소년인가!)

③ The baby is very cute. (그 아기는 매우 귀엽다.)

　→How cute the baby is! (그 아기는 얼마나 귀여운가!)

④ These are beautiful flowers. (꽃들이 아름답다.)

　→What beautiful flowers these are! (얼마나 아름다운 꽃들인가!)

> What으로 시작하는 감탄문에서 What 뒤에 오는 명사가 복수이거나 셀 수 없는 명사(불가산 명사)가 올 때에는 a(an)을 붙이지 않는다.

05 기원문 (Optative Sentence)

자기의 소망, 기원, 저주를 나타내는 문장으로 소망을 나타내는 조동사 may가 문두에 나오는 것이 원칙이다. 문미에는 항상 느낌표가 나와야 하고 때로 may가 생략되기도 한다.

① May you succeed! (부디 성공하세요.)

② May you be happy! (행복을 빕니다.)

③ May he rest in peace! (영혼이여 고이 잠드소서.)

Exercise

제3장 | 문장의 종류

A. 다음 문장에서 틀린 곳을 고치시오.

1. Jane reads Hamlet, does she?

2. Do you think what he is looking for?

3. Don't you drive a car? No, I do.

4. How a clever boy he is!

5. She has never seen him, hasn't she?

6. Do you know who is he?

7. Let's go out, will we?

8. May he is happy!

9. What cute the baby is!

10. Let's go not there.

Exercise

제3장 | 문장의 종류

B. 다음 문장을 괄호 안의 지시대로 고치시오.

1. I have a cold. (부정문)

   → _____

2. She is free today. (의문문)

   → _____

3. He knows who I am. (의문문)

   → _____

4. She will come soon. (부정문)

   → _____

5. You don't like her. (부가 의문)

   → _____

6. She is very beautiful. (감탄문)

   → _____

7. When will he come back? (do you know) (간접의문)

   → _____

8. You shouldn't make any noise. (명령문)

   → _____

● 연습문제 ●

9. Why is he sick? (Do you suppose) (간접의문문)

   → _____

10. It is a beautiful day. (감탄문)

    → _____

C. 다음 문장을 간접 의문문으로 만드시오.

1. What is he looking for? (Do you know)

   → _____

2. Why is he late today? (Do you think)

   → _____

3. When is she leaving? (Tell me)

   → _____

4. Who said like that? (Do you know)

   → _____

5. How did she solve the problem? (I wonder)

   → _____

구(Phrase)와 절(Clause)

> **구(Phrase)와 절(Clause)이란?**
> 두 개 이상의 단어가 모여 문장을 구성할 때, 주어 + 동사의 관계이면 '절', 주어 + 동사의 관계가 아니면 '구'라 한다.

01 구의 종류와 용법

구에는 명사구, 형용사구, 부사구가 있다. 부정사, 동명사, 분사, 전치사 + (대)명사 등의 다양한 형태를 취하며 구의 종류에 따라서 주어, 목적어, 보어 및 수식어의 역할을 한다.

1) 명사구 : 부정사, 동명사, '의문사 + 부정사', 'the + 형용사'의 형태를 취하며 주어, 목적어, 보어로 쓰인다.

① To see is to believe. (보는 것이 믿는 것이다.) → to + see의 부정사의 형태로 주어로 쓰이고 to + believe는 보어로 쓰이고 있다.

② I like to sing a song. (나는 노래하기를 좋아한다.) → to + sing a song의 부정사 형태로 목적어로 쓰이고 있다.

③ My hobby is collecting stamps. (나의 취미는 우표를 모으는 것이다.) → collecting의 동명사 형태로 보어로 쓰이고 있다.

④ He knows how to teach English. (그는 영어를 가르치는 방법을 알고 있다.) → '의문사 + 부정사'의 형태로 목적어로 쓰이고 있다

⑤ The rich have to help the poor. (부자들은 가난한 사람들을 도와주어야 한다.) → 'the + 형용사'의 형태로 주어와 목적어로 쓰이고 있다.

2) **형용사구** : 장소, 시간, 방법 등을 나타내는 구, 또는 부정사, 분사 등이 명사, 대명사의 뒤에서 수식하거나 주격보어, 목적격 보어로 쓰인다.

① The flower on the desk is beautiful. (책상 위에 있는 꽃은 아름답다.) → 'on the desk'라는 형용사구가 명사 뒤에서 수식한다.

② A bottle full of water is broken. (물로 가득 찬 병이 깨졌다.) → 'full of water'라는 형용사구가 명사 뒤에서 수식한다.

③ What is the substance flying the sky? (하늘을 날고 있는 물체가 무엇이지?) → 'flying'이라는 현재분사가 the substance를 수식한다.

④ The watch bought by my mother was out of order. (어머니가 사준 시계가 고장 났다.) → 'bought'라는 과거분사가 명사를 수식한다.

⑤ This is of great use. (이것은 매우 유용하다.) → 'of + 추상명사'의 형태로 형용사가 되어 주격보어로 쓰이고 있다.

3) **부사구** : 장소, 시간, 방법 등을 나타내는 구, 또는 부정사, 동명사 등이 동사, 형용사, 부사를 수식한다.

① I go to school in the morning. (나는 아침에 학교에 간다.) → 시간을 나타내는 부사구가 동사를 수식

② The dishes are on the table. (접시들이 탁자 위에 있다.) → 장소를 나타내는 부사구가 동사를 수식

③ He came to meet her. (그는 그녀를 만나기 위해 왔다.) → 'to + meet'의 부정사가 동사를 수식

④ **This tea is too hot** *to drink*. (이 차는 마시기에 너무 뜨겁다.) → 'to + drink'의 부정사구가 형용사를 수식

⑤ *Frankly speaking*, **she is not so pretty.** (솔직히 얘기하면, 그녀는 그렇게 예쁘지 않다.) → 독립분사구가 문장 전체를 수식

02 절의 종류와 용법

절에는 명사절, 형용사절, 부사절이 있으며 '주어 + 동사'의 형태를 항상 취해야 한다.

1) 명사절 : 접속사 that, if(whether)가 '주어 + 동사'를 이끌거나 관계대명사의 what절을 이끌면서 문장 안에서 주어, 목적어, 보어의 역할을 한다.

① **It is evident** *that he stole the watch*. (그가 시계를 훔쳤다는 것은 명백하다.) → It는 가주어 that절이 진주어의 역할을 하고 있다.

② **I don't know** *if she really likes him*. (나는 그녀가 그를 정말로 좋아하는지 모른다.) → If절이 문장 안에서 목적어의 역할을 한다.

③ **The question is** *whether she passed the examination or not*. (문제는 그녀가 시험에 합격했는지 여부이다.) → whether절이 문장 안에서 보어의 역할을 한다.

④ *What I like* **is pizza.** (내가 좋아하는 것은 피자이다.) → 'What I like'라는 절이 문장 안에서 주어의 역할을 한다.

⑤ **He knows the fact** that we won the game. (그는 우리가 게임을 이겼다는 사실을 알고 있다.) → that절이 the fact와 동격의 명사절을 이루고 있다.

2) **형용사절** : 주로 관계사(관계대명사, 관계부사)가 이끄는 절로 선행사를 수식하는 형용사 역할을 한다.

① **I have some buyers** who can buy MP3 and DMB products. (나는 MP3와 DMB 제품을 살 수 있는 몇 명의 바이어를 갖고 있다.) → who절은 buyers를 수식한다.

② **She remembers the day** when she took the first prize. (그녀는 1등 상을 받은 날을 기억하고 있다.) → when절은 the day를 수식한다.

③ **This is the book** which she bought me yesterday. (이 책은 그녀가 어제 나에게 사준 책이다.) → which절은 the book을 수식한다.

④ **Is this the place** where you were born? (이곳이 당신이 태어난 곳입니까?) → where절은 the place를 수식한다.

3) **부사절** : 주절과 종속절로 연결된 복합문장에서 부사절은 주절의 동사를 주로 수식하거나 시간, 이유, 양보, 조건 등을 나타낼 때 사용된다.

① **I came here** because I really wanted to see the beautiful actress. (나는 그 아름다운 여배우를 정말로 보고 싶었기 때문에 여기 왔다.) → because절은 동사 came을 수식하고 있다.

② **My mother was working at home** when I came back. (내가 돌아왔을 때 어머니는 일하고 계셨다.) → when절은 시간을 나타내는 부사절이다.

③ Though she was sick, she went to work as usual. (그녀는 아팠지만 평소와 같이 일하러 갔다.) → Though절은 양보를 나타내는 부사절이다.

④ If you go there, I will not go. (당신이 거기에 간다면, 나는 가지 않겠다.) → If절은 조건을 나타내는 부사절이다.

03 구와 절의 전환

문장 내에서 문장의 의미는 같지만 구를 절로, 절을 구로 전환할 수 있다. 구와 절에 대한 충분한 이해로 구를 절로, 절을 구로 쉽게 전환할 수 있어야 한다.

1) 명사구가 명사절로 전환하는 경우

I don't know how to get to the airport. → I don't know how I should get to the airport. (나는 공항에 어떻게 가는지 모른다.) → 'how to get to'의 명사구가 'how I should get to'의 명사절로 전환되었다.

2) 형용사구가 형용사절로 전환하는 경우

This book written by her is a bestseller in the bookstore. → The book which was written by her is a bestseller in the bookstore. (그녀가 쓴 이 책은 서점에서 베스트셀러이다.) → 'written by her'의 형용사구가 'which was written by her'의 형용사절로 전환되었다.

3) 부사구가 부사절로 전환하는 경우

She didn't come to the office at his absence. → She didn't come to the office when he was absent. (그녀는 그가 결근하였을 때 회사에 나오지 않았다.) → 'at his absence'의 부사구가 'when he was absent'의 부사절로 전환되었다.

제4장 | 구(Phrase)와 절(Clause)

A. 다음 밑줄 친 부분이 무엇을 꾸며주는지 표시하시오.

1. She came here <u>on foot</u>.

2. The pencil <u>on the desk</u> is long.

3. I went to school <u>in the morning</u>.

4. The boy <u>under the bridge</u> is my cousin.

5. They left for Hong Kong <u>by plane</u>.

6. This is the book <u>which my aunt bought me yesterday</u>.

7. I cannot forget the day <u>when my son passed the examination</u>.

8. This coffee is too hot <u>to drink</u>.

9. The wind <u>from the north</u> is very cold.

10. It is time <u>to say good bye</u>.

● 연습문제 ●

B. 다음 문장에서 밑줄 친 부분이 명사구(절), 형용사구(절), 부사구(절)인지 표시하시오.

1. He walked <u>ten miles</u>.

2. Can you show me <u>how to lock the door</u>?

3. The watch <u>in the showcase</u> is very expensive.

4. He is eager <u>to study English</u>.

5. I doubt <u>if she really loves me</u>.

6. This is the book <u>which I bought yesterday</u>.

7. She went back to her house <u>because it was so cold</u>.

8. He was sleeping <u>when his father came home</u>.

9. My hobby is <u>playing baseball with my friends</u>.

10. Tell me <u>why he was absent yesterday</u>.

관사(Article)

01 관사란

관사란 항상 명사 또는 명사를 수식해 주는 형용사 앞에서 그 명사를 수식하거나 보조하는 역할을 하는 단어로 일종의 형용사 역할을 한다. 관사 단독으로는 쓰일 수 없고 명사와 함께 같이 사용된다. 우리말에는 없는 품사로 문장에서 관사를 써야 하는지, 어떤 관사를 써야 하는지 구분하는 것은 쉽지 않으므로 관사의 용법에 익숙하여야 한다.

02 관사의 종류와 발음

1) 관사에는 부정관사와 정관사가 있다.
   부정관사 a(an)는 불특정 다수 중에서 하나를 가리키는 명사 앞에 쓰고 정관사 the는 특정한 것, 정해진 것을 가리키는 명사 앞에 쓴다.

2) 부정관사 a는 뒤에 오는 명사, 또는 수식어의 자음 앞에서 쓰고 [ə]으로 발음하며 an은 뒤에 오는 명사, 또는 수식어의 모음 앞에서 쓰고 [ən]으로 발음한다.
   정관사 the는 뒤에 오는 명사, 또는 수식어의 자음 앞에서 [ðə]로 발음하고 뒤에 오는 명사, 또는 수식어의 모음 앞에서 [ði]로 발음한다.

종류		발음	예
부정관사	a	자음 앞에서 [ə]	a dog, a desk
	an	모음 앞에서 [ən]	an apple, an uncle
정관사	the	자음 앞에서 [ðə]	the salt, the book
		모음 앞에서 [ði]	the animal, the office

03 관사의 용법

1) 부정관사(Indefinite Article)의 용법

단수 가산명사 앞에서만 쓰이고 불특정 사물 앞에서 쓰인다.

① one(하나)의 약한 의미

막연히 어떤 하나를 가리키며 우리말로 해석하지 않는다.

▶ He is a student. (그는 학생이다.)

▶ This is a table and that is a chair. (이것은 식탁이고 그것은 의자이다.)

② one(하나)의 뜻을 나타낼 때

▶ A day has twenty four hours. (하루는 24시간이다.)

▶ Rome was not built in a day. (로마는 하루에 건설되지 않았다.)

③ the same(같은)의 뜻을 나타낼 때

▶ We are of an age. (우리는 같은 나이이다.)

▶ They are all of a size. (그것들은 모두 같은 크기이다.)

④ any(어떠한 ~라도, ~라는 것)의 뜻(종족 대표)을 나타낼 때

▶ A dog is a faithful animal. (개는 충실한 동물이다.)
(= The dog is a faithful animal. = Dogs are faithful animals.)

▶ A horse is a useful animal. (말은 유용한 동물이다.)

⑤ 어떤(a certain)이라는 뜻을 나타낼 때

A stranger came to me on a rainy day. (어떤 낯선 사람이 비 오는 날에 나에게 왔다.)

⑥ per(~마다, ~당)의 뜻을 나타낼 때

▶ We play tennis once a week. (우리는 주마다 한 번 테니스를 한다.)

▶ He calls me twice a day. (그는 하루에 두 번 나에게 전화한다.)

⑦ 관용표현

▶ There are a few students studying in the school. (학교에서 몇 명의 학생이 공부하고 있다.)

▶ Try to work a little harder. (조금 더 열심히 일하도록 해라.)

▶ She has a good/great many friends. (그녀는 친구가 꽤/아주 많다.)

▶ All of a sudden (=on a sudden) he died in the morning. (갑자기 그가 아침에 죽었다.)

2) 정관사 (Definite Article)의 용법

단수명사와 복수명사 앞에서 쓰이고 뒤에 나오는 명사를 명확히 구분해준다.

① 앞에 나온 명사가 다시 반복될 때

　I bought a book. The book is very interesting. (나는 책 한 권을 구입했다. 그 책은 매우 재미있다.)

② 상황으로 명백히 정해져 있을 때

　▶ Would you close the door? (문을 닫아 주시겠습니까?)
　▶ Will you pass me the salt, please? (저에게 소금을 주시겠습니까?)

③ 형용사구(절)에 의해 명사를 한정시킬 때

　▶ Tokyo is the capital of Japan. (도쿄는 일본의 수도이다.)
　▶ The book on the desk is mine. (책상 위에 있는 책은 내 것이다.)

④ 종류전체(종족대표)를 나타낼 때

　The dog is a useful animal. (개는 유용한 동물이다.)
　(= A dog is a useful animal. = Dogs are useful animals.)

⑤ 형용사의 최상급이나 서수 또는 only 앞에

　▶ She is the smartest student in my class. (그녀는 우리 반에서 가장 명석한 학생이다.)
　▶ Sunday is the first day of a week. (일요일은 1주일의 첫 번째 날이다.)
　▶ He is the only son of his family. (그는 그의 가족의 독자이다.)

⑥ 신체의 한 부분을 나타낼 때

　He hit me on the head. (그는 나의 머리를 때렸다.)

⑦ 보통명사를 추상명사로 만들 때

　The pen is mightier than the sword. (문은 무보다 강하다.)

⑧ 시간, 수량의 단위를 나타낼 때

▶ We are paid by the hour. (우리는 시급으로 임금을 받는다.)

▶ Sugar is sold by the pound. (설탕은 파운드로 판다.)

⑨ 'The + 형용사(분사)'의 형태로 복수보통명사를 만들 때(the+ 형용사=복수보통명사)

▶ The rich are apt to despise the poor. (부자들은 빈자들을 무시하기 쉽다.)

> 단, the accused(피고), the deceased(고인), the pursued(쫓기는 자)는 단수 취급한다.

⑩ 유일한 자연물 앞에

▶ I wish to make a journey around the world. (나는 세계일주 여행을 하고 싶다.)

▶ The earth moves round the sun. (지구는 태양주위를 돈다.)

⑪ 고유명사 앞에서

▶ 공공 건물 앞에

The Blue House(청와대), The British Museum(대영 박물관)

> 단, 역과 공원이름 앞에는 관사를 붙이지 않는다. Seoul station, Pagoda park

▶ 신문, 잡지이름 앞에

The New Your Times(뉴욕 타임즈), The Financial Times(파이낸샬 타임즈)

▶ 강, 바다, 배, 운하, 철로, 산맥, 군도, 연방국가 등 고유명사 앞에서

the Rhine(라인강), the Pacific(태평양), the Titanic(타이태닉호), the Panama canal(파나마 운하), the Kyeongbu line(경부선), the Alps(알프스 산맥), the United States(미국)

▶ 가족, 부부들을 나타낼 때

The Toms(톰의 가족들)

⑫ 관용 표현

▶ I think you are in the wrong. (나는 네가 잘못이라고 생각한다.)

▶ He is used to getting up early in the morning. (그는 아침에 일찍 일어나는 데 익숙하다.)

▶ The girls are sitting in the shade. (소녀들이 그늘에 앉아 있다.)

04 관사의 위치

관사는 명사나 형용사 앞에서 수식하는 것이 원칙이지만 명사 앞에 다른 수식어가 올 때에는 관사의 위치가 변할 수 있다.

1) 관사는 기본적으로 '관사 + 부사 + 형용사 + 명사'의 어순

① She is a very beautiful woman. (그는 매우 예쁜 여자이다.)

② He is a very smart boy. (그는 매우 영리한 소년이다.)

2) 'so/as/too/how/however + 형용사 + 부정관사 + 명사'의 어순 : so, as, too, how, however가 부정관사와 함께 쓰일 경우, 부정관사는 형용사 앞이 아닌, 명사 앞에 위치한다.

① She is so beautiful a girl. (그녀는 매우 예쁜 소녀이다.) → so a beautiful girl은 틀린 표현

② He is as kind a boy as you are. (그는 너처럼 친절한 소년이다.) → as a kind boy는 틀린 표현

③ 'such/quite/rather + 부정관사 + 형용사 + 명사'의 어순

▶ She is such a nervous lady. (그녀는 그런 신경과민의 여성이다.)

▶ He is quite a rich man. (그는 꽤 부유한 사람이다.)

④ 'all/both/double/half + 정관사 + 명사'의 어순

▶ All the brothers became doctors. (모든 형제들이 의사가 되었다.)

▶ My room is half the size of yours. (내방은 너의 방 크기의 반이다.)

05 관사의 생략

1) 호격(Vocative)일 때

Waiter, I am ready to order now. (웨이터, 지금 주문하겠습니다.)

2 자기 가족을 가리킬 때

Mother is very busy now. (엄마는 지금 바빠요.)

3) 관직, 직위를 나타내는 말이 보어로 쓰일 때

① They elected Thomas chairman of the club. (그들은 토마스를 클럽의 회장으로 선출하였다.)

② He was appointed president of our company. (그는 우리회사의 사장으로 임명되었다.)

4) 식사, 운동경기, 학과목 이름 앞에

① We have breakfast at seven. (우리는 7시에 아침식사를 한다.)

② Let's play tennis. (테니스를 칩시다.)

> Let's play the piano. (피아노를 칩시다.) → 악기 이름 앞에는 the를 붙인다.

③ I have an examination in mathematics today. (나는 오늘 수학 시험이 있다.)

5) 건물, 기구가 본래의 목적, 기능으로 사용되는 경우

① We go to church on Sundays. (우리는 일요일에 예배 보러 교회에 간다.)

> go to the church (다른 볼일로 교회에 가다)

② go to school(공부하러 가다), go to bed(잠자러 가다), at table(식사 중)

> go to the school (다른 볼일로 학교에 가다)

6) by + 교통수단을 나타내는 명사 앞에

① We go to church by bus. (우리는 버스로 교회에 간다.)

② She went there by plane. (그녀는 비행기로 거기에 갔다.)

7) 인간, 남성, 여성 전체를 나타낼 때

① Man is mortal. (인간은 죽는다.)

② Man is stronger than woman. (남자는 여자보다 더 힘이 세다.)

8) and로 엮인 불가분관계의 두 명사에서 첫 명사에만 관사를 붙인다.

① The King and Queen (왕과 왕비)

② a knife and fork (나이프와 포크)

③ a red and white rose (붉은색과 하얀색이 섞인 장미 한 송이)

9) 2개의 명사가 대구를 이루는 경우

① He is walking side by side with her. (그는 그녀와 나란히 걷고 있다.)

② They are dancing arm in arm. (그들은 팔짱을 끼고 춤을 추고 있다.)

③ We traveled day and night for 2 days. (우리는 이틀 동안 밤낮으로 여행하였다.)

10) 관용 표현에서

take place(일어나다), take part in(참가하다), on foot(걸어서), by sea(해상으로), by air(항공으로), by accident(우연히), take care of(돌보다), catch sight of(발견하다)

Exercise
제 5장 | 관사(Article)

A. 다음 밑줄친 부분에 a(n), the를 넣고 불필요한 경우 X표하시오.

1. How many days are there in _____ week?

2. Birds of _____ feather flock together.

3. She goes to _____ school by _____ bus.

4. Please pass me _____ salt.

5. He is _____ tallest boy in his class.

B. 다음 문장에서 틀린 부분을 바르게 고치시오.

1. Dog is a faithful animal.

2. He was appointed the mayor of the city.

3. A father is working very hard.

4. She had an examination in the mathematics yesterday.

5. She played violin at the concert.

6. Man is an only animal that can talk.

7. I usually go to the bed at eleven.

8. She wants to enter a university.

9. He went down to Busan by the plane.

10. The rich is apt to despise the poor.

C. 다음 문장에서 괄호 안의 단어들을 바른 순서로 배열하시오.

1. I have never seen (a, beautiful, such, flower).

   → _____

2. He knew (a, quite, little) about her.

   → _____

3. (a, sudden, of, all) they decided not to go there.

   → _____

4. She is (as, a, kind, girl) as you are.

   → _____

5. My house is (the, size, half, of) yours.

   → _____

6. He hit (on, the, head, me).

   → _____

● 연습문제 ●

D. 다음 문장에서 관사를 추가하여 문장을 바르게 하시오.

1. Twins are naturally of age.

   →

2. Young should respect old.

   →

3. Who is man dancing on the stage?

   →

4. Earth moves around sun.

   →

5. He has great many friends.

   →

6. I visited United States last year.

   →

7. He is Einstein in his country.

   →

명사(Noun)

01 명사의 종류

명사란 사람이나 사물의 이름을 나타내는 것으로 보통명사, 집합명사, 물질명사, 고유명사, 추상명사로 구분하는데 그 수를 셀 수 있느냐에 따라 셀 수 있는 명사(가산명사)와 셀 수 없는 명사(불가산 명사)로 나눌 수 있다.

- 셀 수 있는 명사(가산명사) : 보통명사, 집합명사
- 셀 수 없는 명사(불가산명사) : 물질명사, 고유명사, 추상명사

1) 보통명사 (Common Noun)

일정한 형태가 있고 구분이 확실하여 셀 수 있는 명사로 단수, 복수의 구별이 가능하고 명사 중에서 가장 많은 수를 차지한다.

예 dog, cat, boy, friend, tree

① I have a dog. (나는 개 한 마리를 갖고 있다.)
   I have two dogs. (나는 두 마리의 개를 갖고 있다.)

② There is a big tree on the hill. (언덕에 큰 나무가 있다.)

③ The train is far longer than the bus. (기차는 버스보다 훨씬 더 길다.)

④ I bought some gifts for my daughter. (나는 딸에게 주려고 몇 개의 선물을 샀다.)

2) 집합명사 (Collective Noun)

사람, 사물의 집합체를 나타내는 명사로 단수, 복수의 구별이 가능하다.

예 family, crowd, class, public, people 등

① 집합체의 여러 개체를 하나로 취급하는 경우 단수취급(집합명사)
   ▶ My family is not a large one. (우리 가족은 대가족이 아니다.)

② 집합체가 여러 개 존재할 경우 복수취급
   ▶ Twenty families live in this apartment. (20가구가 이 아파트에서 살고 있다.)

③ 집합체 구성원의 개개인에 중점을 두는 경우 복수취급(군집명사)
   군집명사의 예 : family, castle, police, poultry 등
   ▶ My family are all diligent. (나의 가족 모두가 부지런하다.)

3) 물질명사 (Material Noun)

일정한 형태가 없는 물질을 나타내는 명사

예 water, air, wood, rain, money

① 항상 단수 취급하고, 관사가 붙지 않는다.
   ▶ I like gold better than silver. (나는 은보다 금이 좋다.)
   ▶ I have a lot of money. (나는 많은 돈을 가지고 있다.)

② 물질명사는 셀 수 없기 때문에 단위명사를 사용하여야 한다.
   ▶ 종이 한 장 : a paper → a sheet of paper
   ▶ 커피 한 잔 : a coffee → a cup of coffee
   ▶ 물 두 잔 : two waters → two glasses of water
   ▶ 우유 한 잔 : a milk → a glass of milk

③ **집합적 물질명사** : 물건의 집합체로 양을 나타내는 물질명사로 복수형이 없고 부정관사를 쓸 수 없으며 항상 단수 취급한다. 숫자로 나타낼 때는 'a piece of'와 같은 단위명사로 쓴다.

▶ a piece of clothing (한 벌의 옷)

▶ two pieces of furniture (가구 2점)

▶ three pieces of baggage (수하물 3개)

▶ several pieces of machinery (기계류 여러 개)

④ **물질명사의 보통명사화** : 물질명사가 부정관사와 함께 쓰거나 복수형으로 쓰일 경우 그 물질명사의 종류, 제품, 개체 등을 나타낸다.

▶ This is a very strong wine. (이것은 매우 독한 포도주이다.)

4) 고유명사 (Proper Noun)

사람, 사물, 지명 등에 붙여진 고유 이름을 나타내는 명사.

예 Tom, Jane, Korea, May, Sunday

① 고유 명사는 첫 자를 대문자로 쓰고, 관사를 붙이지 않는다.

▶ Seoul is the capital of Korea. (서울은 한국의 수도다.)

▶ Mozart was born in 1756. (모차르트는 1756년에 태어났다.)

② 복수형으로 사용할 수 없는 것이 원칙이다.

③ 고유명사에 관사가 붙거나 복수로 사용되는 경우 고유명사가 보통명사화 한 것으로 '~와 같은 사람', '~라는 사람', '~가족', '~의 저작품' 등의 의미를 갖는다.

▶ A Newton cannot become a Shakespeare at will. (뉴턴과 같은 과학자는 마음대로 셰익스피어와 같은 문학가가 될 수 없다.)

5) 추상명사 (Abstract Noun)

눈에 보이지 않는 추상적인 개념을 나타내는 명사

예 dream, hope, success, kindness, wisdom

① 셀 수 없기 때문에 항상 단수로 취급하고, 관사를 붙이지 않는다.

▶ Honesty is the best policy. (정직은 최선의 정책이다.)

② 추상명사의 보통명사화 : 추상명사가 부정관사와 함께 쓰이거나 복수로 쓰일 때에는 추상명사의 의미가 아니라 구체적인 사람, 사물, 또는 행위를 나타낸다.

▶ She is a beauty. (그녀는 미인이다.)

▶ Your play was a great success. (당신의 연극은 대성공이었다.)

02 명사의 수

가산명사에서 명사가 2개 이상의 것을 나타내는 것을 복수라 한다. 복수에는 단수형 끝에 -(e)s를 붙여 만드는 규칙 변화와 규칙적으로 변화하지 않는 불규칙 변화가 있다.

1) 규칙변화

① 기본적인 변화는 어미에 s를 붙인다.

book → books   desk → desks   dog → dogs   cat → cats

② 어미가 s, x, sh, ch로 끝나는 명사는 어미에 es를 붙인다.

bus → buses   box → boxes   dish → dishes

bench → benches   예외) monarchs

③ 어미가 f, fe로 끝나는 명사는 어미를 v로 고치고 es를 붙인다.

　　leaf → leaves　　wolf → wolves　　wife → wives
　　knife → knives

　　예외) roofs, safes, cliffs, beliefs, chiefs, dwarfs

④ 어미가 '자음 + o'는 어미에 es를 붙인다.

　　hero → heroes　　potato → potatoes　　tomato → tomatoes

　　예외) pianos, solos, autos, photos

⑤ 어미가 '자음 + y'로 끝나는 명사는 y를 i로 고치고 es를 붙인다.

　　city → cities　　baby → babies

⑥ 어미가 '모음 + y'로 끝나는 명사는 s만 붙인다.

　　day → days　　key → keys　　boy → boys

2) 불규칙 변화

① 모음 변화에 의한 복수

　　man → men　　woman → women　　child → children
　　tooth → teeth　　mouse → mice　　foot → feet

② 단수형과 복수형이 같은 단어

　　deer, sheep, salmon, trout, carp, series, species, Chinese, Swiss

③ 복합어는 주요부분을 복수로 만든다.

　　father-in-law → fathers-in-law (장인, 시아버지)
　　passer-by → passers-by (통행인)
　　by-product → by-products (부산물)
　　looker-on → lookers-on (방관자)

④ 복합어 중 양쪽 모두 복수로 만드는 단어

　　manservant → menservants (남자하인)

　　woman-writer → women-writers (여류작가)

⑤ 끝의 단어를 복수형으로 만드는 단어

　　good-for-nothing → good-for-nothings (쓸모 없는 것)

　　stopover → stopovers (도중 하차지)

⑥ 외래형의 복수형

　　datum → data (자료)

　　bacterium → bacteria (박테리아)

　　medium → media (매체)

　　phenomenon → phenomena (현상) *phenomenons (경이)

　　crisis → crises (위기)

　　basis → bases (기초)

　　focus → focuses(foci) (초점)

　　oasis → oases (오아시스)

⑦ 문자, 숫자, 약어의 복수형

　　CD → CDs (콤팩트 디스크)

　　UFO → UFOs (미확인 비행물체)

　　in the 90 → in the 90s (90년대)

3) 항상 복수형으로 쓰이는 명사

① 학과 이름

　　mathematics, physics, economics, ethics, politics

② 짝으로 되어 있는 것

　　glasses, scissors, gloves, trousers, pants

③ 2개의 사람, 사물을 필요로 할 때

shake hands with (악수를 하다)

make friends with (친구를 사귀다)

④ 기타

measles(홍역)　blues(우울증)　suburbs(교외)　savings(저축)

means(수단)　pains(노고)　bowels(창자)　belongings(소유물)

headquarters(본부)　goods(상품)　marbles(구슬)　thanks(감사)

4) 단수형과 복수형의 뜻이 다른 명사

custom(습관)	water(물)	color(색깔)
customs(세관)	waters(바다)	colors(군기)
air(공기)	arm(팔)	force(힘)
airs(태도)	arms(무기)	forces(군대)
good(선)	pain(고통)	part(부분)
goods(상품)	pains(노고)	parts(부품)

5) 명사가 수사와 함께 쓰일 때 형용사의 역할을 하여 복수형을 만들지 않는다

a ten-year-old boy (10살의 소년)

a seven-day visit (7일간의 방문)

a five-act play (5막으로 된 연극)

6) 숫자를 나타내는 명사가 수사와 함께 쓰일 때 복수형을 만들지 않는다

three dozen pencils (3다스의 연필)

two hundred students (2백명의 학생들)
five thousand people (5천명의 사람들)

> 단, 막연히 많음을 나타낼 때에는 복수형을 만든다.
> dozens of times (수십 번)   millions of people (수백만의 사람들)

7) 복수형이 2개 있는 명사

brother → brothers(형제) / brethren(동포)
cloth → cloths(천, 옷감) / clothes(옷, 의류)

03 명사의 성

명사에서 성은 남성, 여성, 중성으로 구분된다. 문장에서 반복된 단어를 피하기 위해 보통 대명사를 사용하는데 이 때 남성, 여성, 중성을 구분하여 잘 표시해야 한다. 특히, 중성을 써야 하는 경우 주의를 하여야 한다.

1) 남성을 대표할 때 대명사 he로 받는다

actor(남자배우)   prince(왕자)   hero(남자 주인공)
host(주인)   waiter(웨이터)   steward(남자 승무원)

2) 여성을 대표할 때 she로 받는다

actress(여자배우)   princess(공주)   heroine(여자 주인공)
hostess(여주인)   waitress(웨이트리스)   stewardess(여자 승무원)

3) 일반적인 사물과 남성인지 여성인지 구별이 안될 때

child(아이) baby(아기) watch(시계)

pencil(연필) flower(꽃) star(별)

> 중성이 의인화 되면 남성, 여성의 대명사로 받을 수 있다.
> - 남성으로 받는 경우 : sun(태양)   war(전쟁)   winter(겨울)
> - 여성으로 받는 경우 : moon(달)   peace(평화)   spring(봄)

04 명사의 격

한 문장에서 명사(대명사)와 다른 단어와의 문법적 관계를 나타낼 때 쓰이는 말로 주격, 소유격, 목적격으로 구분된다.

1) 주격 (Subjective case)

우리말로 '은(는)', '이(가)'가 붙는 말로 문장 내에서 주어로 쓰인다.

① This story is boring. (이 이야기는 재미가 없다.)

② John loves her. (존은 그녀를 사랑한다.)

2) 소유격 (Possessive case)

① '~의'란 뜻을 가지며, 생물 명사의 어미에 's를 붙이고 무생물 명사는 'of + 명사'로 나타낸다.

the boy's mother (그 소년의 어머니)

Bill's desk (빌의 책상)

a dog's tail (개의 꼬리)
the legs of the desk(책상 다리) the desk's legs (X)
the name of this school(이 학교의 이름) this school's name (X)

② 복수명사는 어미가 s로 끝나면 '만 붙이고 어미가 s로 끝나지 않으면 's를 붙인다.
a girls' high school (여자 고등학교)
a ladies' magazine (여성잡지)
men's shoes (신사화)
a children's hospital (소아과 병원)

③ 복합어는 마지막 단어에 's를 붙인다.
my father-in-law's house (처가집)
half an hour's distance (30분 거리)
somebody else's recommendation (다른 사람의 추천)

④ 시간, 거리, 무게, 가격의 소유격은 무생물이라도 's를 붙인다.
today's newspaper (오늘의 신문)
a pound's weight (1파운드의 무게)
five dollars' worth of sugar (5달러 가치의 설탕)
ten miles' ride (차로 10마일 거리)

⑤ 영어에서 관사나 지시(부정)대명사 등의 한정사(a, this, that, any, no, another)는 소유격과 같이 쓰지 못한다. 그대신 소유격 앞에 소유의 of 전치사를 써서 소유격과 소유의 의미를 나타내는 이중 소유격을 사용한다.

A friend of my sister's (O)   a my sister's friend (X)
(나의 누이의 친구)

this camera of my father's (O) my father's this camera (X)
(나의 아버지의 이 카메라)

any book of my son's (O)   my son's any book (X)
(나의 아들의 어떤 책)

⑥ 소유격 다음에 나오는 명사의 뜻이 분명하면 그 명사를 생략한다. (독립 소유격)

▶ This book is my brother's (book). (이 책은 내 남동생의 책이다.)

▶ I went to the barber's (shop). (나는 이발소에 갔다.)

▶ I visited my uncle's (house) last week. (나는 지난 주 삼촌 집을 방문하였다.)

⑦ 소유격은 의미상의 주어, 목적어를 나타낸다.

▶ I waited for my customer's arrival. (나는 손님이 도착하는 것을 기다렸다.) → 의미상 주어

▶ We came here to his son's help. (우리는 그의 아들을 도와주기 위해 여기 왔다.) → 의미상 목적어

3) 목적격 (Objective case)

명사의 목적격은 '~을(를)', '~에게'로 해석하며, 목적격을 나타내는 명사(대명사)는 문장 내에서 타동사의 목적어나 전치사의 목적어로 쓰인다.

① He loves Jane. (그는 제인을 사랑한다.)

② I gave him a gift. (나는 그에게 선물을 주었다.)

③ Have a good day. (좋은 하루 보내세요.)

④ He is interested in drinking. (그는 술 마시는 데 관심 있다.)

⑤ Come and sit by me. (와서 내 옆에 앉아라.)

⑥ Take care of a child. (아이를 돌보아라.)

Exercise
제 6장 | 명사(Noun)

A. 다음 중 종류가 다른 명사 하나를 골라 ( ) 안에 쓰시오.

1. desk, money, cat, dog (   )

2. beauty, peace, class, health (   )

3. milk, water, gas, family (   )

4. gold, money, silver, dream (   )

5. experience, wish, recovery, audience (   )

B. 다음 빈칸에 쓸 수 없는 단어를 고르시오.

1. Would you like a cup of _____?
   (tea, coffee, coke)

2. Do you have a piece of _____?
   (chalk, sugar, paper)

3. She would like to drink a glass of _____?
   (coke, wine, tea)

4. I bought two pieces of _____.
   (clothing, furniture, silver)

5. Please give me a bottle of _____.
   (beer, coffee, whisky)

● 연습문제 ●

C. 다음 (   ) 안에서 알맞은 것을 고르시오.

1. His family (is, are) all well.

2. My family (is, are) not a large one.

3. Many people (is, are) against it.

4. (The table's legs, The legs of the table) are not strong.

5. Is this (all the baggage, all the baggages) you have.

6. Mathematics (is, are) his favorite subject.

7. She bought three (dozen, dozens) of eggs.

8. I wonder where my glasses (is, are).

9. The jury (was, were) divided in their opinions.

10. A hundred miles (is, are) a long distance.

대명사 I (Pronoun)

대명사란 명사의 반복을 피하기 위해 명사를 대신해서 쓰이는 말로 인칭대명사, 지시대명사, 부정대명사, 의문대명사, 관계대명사가 있다.

01 인칭 대명사 (Personal Pronoun)

1) 사람을 가리키는 대명사로 3가지 인칭의 구별이 있다
   ① 1인칭 : 말하는 사람 → I, we
   ② 2인칭 : 듣는 사람 → you
   ③ 3인칭 : 1인칭과 2인칭을 제외한 제3자 → he, she, it, they

2) 인칭 대명사는 인칭, 수, 격에 따라 형태가 변한다
   ① 주격 : 문장의 주어로 쓰이며 '~은/(는), ~이(가)'로 해석한다.
   ▶ I am very happy. (나는 매우 행복하다.)
   ▶ Jane takes care of my son. (제인이 나의 아들을 돌보고 있다.)
   ② 소유격 : 명사 앞에서 수식하며, '~의'로 해석한다.
   ▶ That is my watch. (그것은 나의 시계다.)
   ▶ Is this your dog? (이것이 당신의 개입니까?)
   ③ 목적격 : 타동사나 전치사의 목적어로 쓰이며, '~을/를', '~에게'로 해석한다.
   ▶ Bill likes her. (빌은 그녀를 좋아한다.)

▶ I'd like to talk to him. (나는 그에게 말하고 싶다.)

> 목적격은 '~을/를', '~에게'로 해석하지만 관용적으로 아래의 두 가지 경우와 같이 주어나 보어처럼 해석할 때도 있다.
> • Who is it? (누구세요?) It's me. (나야, 저예요.)
> • I will leave for USA. (나는 곧 미국에 갈 거야.) Me, too. (나도.)

3) **소유대명사** : '소유격 + 명사'를 대신하는 말로 '~의 것'으로 해석한다.

① This hat is mine. (이 모자는 나의 것이다.) (mine = my hat)

② His house is bigger than hers. (그의 집은 그녀의 것보다 더 크다.) (hers = her house)

> 인칭대명사의 소유격은 a, an, this, that, some, any, another 등과 함께 명사를 수식하지 못하고 'of + 소유대명사'를 사용하여야 한다.
> my a friend (X)   → a friend of mine (O)
> her this book (X)   → this book of hers (O)
> their some gifts (X) → some gifts of theirs (O)
> his any idea (X)   → any idea of his (O)
> my another choice (X) → another choice of mine (O)

4) **재귀대명사** : 기본적으로 '~자신'의 의미로 '-self', '-selves'의 형태를 취한다.

① 명사, 대명사를 강조

He went there himself. 또는 He himself went there. (그는 그 자신이 거기에 갔다.)

② 주요 재귀대명사 표현 : by oneself(홀로), of oneself(저절로), for oneself(자력으로, 스스로), in itself(본래, 그 자체로), between ourselves(우리끼리 얘긴데)

기초 영문법 **71**

- ▶ I went there by myself. (나는 홀로 거기에 갔다.)
- ▶ The door opened of itself. (문이 저절로 열렸다.)
- ▶ I did the work for myself. (나는 그 일을 자력으로 하였다.)
- ▶ Nothing is evil in itself. (그 자체로 나쁜 것은 하나도 없다.)
- ▶ This story is between ourselves. (이 이야기는 우리끼리의 얘기야.)

③ 관용구

- ▶ She accustomed herself to early rising. (그녀는 일찍 일어나는 데 익숙해졌다.)
- ▶ You'd better apply yourself to your studies. (너는 공부에 전념하는 것이 좋겠다.)
- ▶ You have to avail yourself of a good opportunity. (너는 좋은 기회를 이용해야 한다.)
- ▶ Behave yourself like a man. (사내답게 행동하라.)
- ▶ You should not overwork yourself. (너는 과로해서는 안된다.)
- ▶ He prides himself on his strength. (그는 힘을 자랑한다.)

〈인칭 대명사의 어형변화〉

수/격	인칭	주격	소유격	목적격	소유대명사
단수	1인칭	I	my	me	mine
	2인칭	you	your	you	yours
	3인칭	[남성] he	his	him	his
		[여성] she	her	her	hers
		[중성] it	its	it	–
복수	1인칭	we	our	us	ours
	2인칭	you	your	you	yours
	3인칭	they	their	them	theirs

3) It의 특별한 용법

① 앞에 나온 어구를 받는다.

▶ I bought her a necklace, but she lost it. (나는 그녀에게 목걸이를 사주었지만 그녀는 그것을 잃어 버렸다.) → it는 앞에 나온 a necklace 대명사

▶ I tried to solve the problem for myself, but it was not possible. (나는 그 문제를 스스로 해결하려고 하였지만 그것이 가능하지 않았다.) → it는 구(to solve the problem for myself)의 대명사

▶ She will pass the examination and nobody doubts it. (그녀는 시험에 합격할 것이고 어느 누구도 그것을 의심하지 않는다.) → it는 절(she will pass the examination)의 대명사

② 비인칭 주어 (Impersonal Subject) it

it이 '날씨, 날짜, 시간, 거리, 명암, 요일, 계절' 등을 나타내는 문장의 주어로 쓰일 때, it을 비인칭 주어라 하고, '그것'이라고 해석하지 않는다.

▶ It is raining. (비가 내리고 있다.)

▶ It is half past two. (2시 반이다.)

▶ It is fifty miles to Paris. (파리까지 50마일이다.)

▶ It is Sunday today. (오늘은 일요일이다.)

▶ It was very dark in the room. (방 안은 매우 어둡다.)

▶ It is spring. (봄이다.)

③ 가주어 it, 가목적어 it : 영어에서는 주어나 목적어가 길면 뒤로 보내고, it을 그 자리에 대신 써서 문장을 명확하게 하는 경향이 있다. 이때 뒤로 간 원래의 주어, 목적어는 진주어, 진목적어라 한다.

- It is difficult to answer the question. (그 질문에 대답하는 것은 어렵다.) → It는 가주어, to부정사가 진주어
- It is no use crying over the spilt milk. (엎지른 우유를 보고 울어도 소용없다.) → it는 가주어, 동명사가 진주어
- It is evident that he is guilty. (그가 유죄라는 것이 명백하다.) → It는 가주어, 명사절이 진주어
- I found it easy to solve the problem. (나는 그 문제를 해결하는 것이 쉽다는 것을 알았다.) → it는 가목적어, to부정사는 진목적어
- I took it for granted that he would come back. (나는 그가 당연히 돌아올 것이라고 여겼다.) → it는 가목적어, that절은 진목적어

④ It ~ that의 강조 구문 : It는 때로 that와 함께 문장에서 특정 어구를 강조할 때 사용된다.

I met him at the meeting yesterday. (나는 그를 어제 모임에서 만났다.)

- him을 강조할 때

  It was him that I met at the meeting yesterday. (내가 어제 모임에서 만났던 사람이 그 사람이다.)

- at the meeting을 강조할 때

  It was at the meeting that I met him yesterday. (내가 어제 그를 만난 곳은 모임에서였다.)

- yesterday를 강조할 때

  It was yesterday that I met him at the meeting. (내가 모임에서 그를 만났던 때는 어제였다.)

02 지시대명사

사람, 사물을 대신하거나 또는 문장에서 구나 절 또는 앞, 뒤에 나온 문장을 가리키는 대명사이다. this(these), that(those), such, so등이 있다.

1) this(these) → 자신에게서 가까이 있는 것, that(those) → 자신에게서 멀리 있는 것을 대신할 때 사용된다

    ▶ This is my room and that is my sister's. (이것은 나의 방이고 저것은 나의 누이의 방이다.)

2) this, that은 앞, 뒤에 나온 문장 또는 구나 절을 가리킬 때 사용하기도 한다

    ▶ He finished his homework. This made his mother happy. (그는 그의 숙제를 끝냈다. 이것이 그의 어머니를 행복하게 하였다.)
    → 앞의 문장을 대신

    ▶ To be or not to be : that is a question. (죽느냐 사느냐 그것이 문제이다.) → 구를 대신

    ▶ The truth is this: The sun rises in the east and sets in the west. (진실은 이렇습니다. 태양은 동쪽에서 떠서 서쪽으로 진다는 것입니다.) → 뒤의 문장을 대신

3) 앞에 나온 명사의 반복을 피하기 위해 that(those)을 사용한다

    ▶ The climate of Korea is milder than that of Canada. (한국의 기후는 캐나다의 그것보다 온화하다.) * that = the climate

▶ The ears of a rabbit are larger than those of a cat. (토끼의 귀들은 고양이의 그것들보다 더 크다.) *those = the ears

4) (in) these days(요즘, 오늘날), in those days(그 당시에)

▶ How do you feel about your job in these days? (요즘 하고 있는 일이 어때요?)

▶ We had much trouble with getting a job in those days. (그 당시에 직업을 구하는 데 어려움이 많았다.)

5) such는 보통 지시형용사로서 역할을 하지만 사람과 사물을 대신하여 '그러한 사람', '그와 같은 것'의 뜻으로 지시 대명사로 쓰인다

▶ He is a foreigner and much be treated as such. (그는 외국인이고 그러한 사람으로 대우를 받아야 한다.)

6) so는 보통 '그렇게'라는 의미의 부사로 사용되지만 지시 대명사로 동사의 목적어나 보어로 쓰일 수 있다

▶ She is rich. (그녀는 부자이다.) So she is. (=Yes, she is rich) (예, 그녀는 부자이다.)

▶ So is he. (=He is rich, too) (그도 역시 부자이다.)

Exercise

제 7장 | 대명사 I (Pronoun)

A. 다음 ( ) 안에서 알맞은 것을 고르시오.

1. Where did you buy the book? I'd like to buy (this, it).

2. They are (my, me) friends.

3. (It's, Its) tail is long.

4. She said nothing. (This, These) made her mother angry.

5. (It, This) is difficult to solve the problem.

6. The culture of Korea is different from (this, that) of Europe.

7. Tom can run faster than (I, me).

8. Invite a friend of (her, hers) to the party.

9. His behaviors are not (that, those) of a gentleman.

10. She is a woman and should be treated as (so, such).

B. 다음 문장에서 틀린 것을 바르게 고치시오.

1. Who is it? It's I.

→ _____

Exercise — 제7장 | 대명사 I (Pronoun)

2. His office is bigger than her.

   →

3. The temperature of Seoul is colder than this of Hong Kong.

   →

4. It's weight is too heavy.

   →

5. Miniskirts were in fashion in these days.

   →

6. Her voice is like her mother.

   →

7. He is rich. Such is she.

   →

8. Your car is new, but her is old.

   →

9. She is a student and expect to be treated as so.

   →

10. I happened to see a friend of me at church.

    →

● 연습문제 ●

C. 다음 문장에서 괄호 안에 적절한 단어를 넣으시오.

1. I found (   ) difficult to finish the work by tomorrow.

2. She is a foreigner and she must be treated as (   ).

3. He is rich, (   ) is she.

4. You should avail (   ) of this good opportunity.

5. I took it for granted (   ) he would succeed in the project.

6. Such clothes were in fashion in (   ) days.

7. As (   ) was raining, we stayed at home.

8. The door opened of (   ).

9. The population of Korea is smaller than (   ) of Japan.

10. It was yesterday (   ) we met him at the party.

제 8장 대명사 II (Pronoun)

01 부정 대명사

특정하게 정해지지 않고 막연히 사람, 사물, 수량 등을 가리키는 대명사를 말한다.

예 one, other, another, any, some, all, both, either, neither, each, every 등

1) one, no one, none의 용법

① 특정하게 정해지지 않은 일반인을 나타낸다.

▶ **One** should do one's best. (사람은 최선을 다해야 한다.)

② 앞에 나온 'a(an) + 명사'를 받는 대명사로 쓰인다.

▶ Do you have a pencil? Yes, I have one. (당신은 연필이 있습니까? 예, 하나 있습니다.)

③ 앞에 나온 명사의 반복을 피할 때 a + 형용사 + one (~ 한 것), 형용사 + ones (~ 한 것들)

▶ I have three apples; a big **one** and two small **ones**. (나는 세 개의 사과를 가지고 있다; 하나의 큰 사과와 두 개의 작은 사과) → one = apple, ones = apples

④ no one은 사람 대신 쓰는 부정 대명사로 보통 단수 취급한다.

▶ **No one** does it. (아무도 그것을 하지 못한다.)
  *No one man does it. (아무도 혼자서 그것을 하지 못한다.)

⑤ none은 no one, nobody보다 문어적 표현으로 '아무도(아무 것도) ~하지 않다.'의 뜻이다. 가산명사 앞에서 보통 복수취급을 하지만 불가산명사 앞에서 단수 취급한다.

▶ None of us were present. (우리들 중 아무도 참석하지 않았다.)

▶ It is none of your business. (그것은 네가 참견할 일이 아니다.)

▶ None of this concerns me. (나는 이런 것에 전혀 관계없다.)

2) other의 용법

① 형용사로 '다른', 부정대명사로 막연히 '다른 사람들'을 나타내며 보통 복수로 사용된다.

▶ Think of others. (다른 사람들에 대해서 생각하라.)

② one ~ the other : 하나는 ~, 다른 하나는 ~

▶ I have two rooms; one is large and the other small. (나는 두 개의 방을 갖고 있는데 하나는 크고 다른 하나는 작다.)

③ the others : 지정된 다른 사람들을 의미한다.

▶ Two of them like the song and the others don't like it. (그들 중 둘은 노래를 좋아하고 나머지 다른 사람들은 그것을 좋아하지 않는다.)

④ the one ~, the other ~ : 전자는 ~, 후자는 ~

▶ The original and the copy are easily distinguished since the one is much more vivid than the other. (원본과 사본은 쉽게 구분된다. 왜냐하면 전자는 후자보다 훨씬 더 선명하기 때문이다.)

3) another의 용법

① an + other : '또 하나, 하나 더'의 의미

▶ I don't like this watch. Show me another. (나는 이 시계를 좋아하지 않아요. 다른 것을 보여주세요.)

② 많은 것을 열거할 때 '두 번째'의 의미를 나타낸다.

▶ One is short, another is a little short and a third long. (하나는 짧고, 두 번째는 조금 짧고, 세 번째는 길다.)

③ one another = each other : 서로서로

▶ We must try to be kind to one another. (우리는 서로서로 친절하려고 노력해야 한다.)

④ one after another : 차례로

▶ They entered one after another. (그들은 차례로 들어갔다.)

⑤ ~ one thing, ~ another : ~과 ~은 별개의 것이다.

▶ To know is one thing and to teach is another. (아는 것과 가르치는 것은 별개의 것이다.)

4) some, any 용법

① some → 긍정문, 의문문(권유하거나 긍정의 답을 예상할 때)
any → 의문문, 부정문, if절에 쓴다.

▶ I'll give you some of my pencils. (내가 너에게 연필 좀 줄게.)

▶ Do you know any of the sisters? (너는 누이들 중 아는 사람이 있니?)

▶ If there is any left, please give me some. (남은 것이 있으면, 나에게 좀 줘.)

▶ Do you want some milk? – Yes, give me some. (너 우유 좀 먹을래? 예, 좀 주세요.) → 권유하거나 긍정의 답을 예상할 때

② some ~, others ~ : 어떤 사람들은 ~하고, 다른 사람들은 ~

▶ Some like white dogs and others like black dogs. (어떤 사람들은 흰 개를 좋아하고 다른 사람들은 검은 개를 좋아한다.)

③ any는 '셋 이상 중에서 하나'를 뜻할 때 사용된다.

▶ Do you know any of three brothers? (너는 세 형들 중에서 어느 한 명을(누구를) 알고 있니?)

5) each, every 용법

① each는 단수 취급하고 대명사, 형용사로 사용

② every는 단수 취급하고 형용사로만 사용

▶ Each boy has his own desk. (소년 각자가 자기의 책상을 가지고 있다.)

▶ Each of us has his duty. (우리 각자가 의무를 가지고 있다.)

▶ Every man has his weak points. (모든 사람은 약점들을 가지고 있다.)

③ every + 부정어 : 부분 부정(모두가 ~은 아니다)

▶ Not everybody cannot be a poet. (모든 사람이 시인이 될 수 있는 것은 아니다.)

6) all, both의 용법

① all은 '모든 사람들', '모든 것'의 의미로 내용에 따라 복수와 단수가 될 수 있다.

▶ All were happy. (모든 사람들이 행복하였다.) - 복수취급

▶ All is ready. (모든 것이 준비되어 있다.) - 단수취급

② all + 부정어 : 부분부정(모두가 ~은 아니다).
- ▶ All that glitters is not gold. (반짝인다고 모두 금은 아니다.)

③ both는 '둘'의 의미로 항상 복수가 와야 하고 명사, 형용사로 쓸 수 있다.
- ▶ Both of my parents are healthy. (부모님 두 분이 건강하다.)
- ▶ He has two mobile phones. Both are black. (그는 두 개의 핸드폰을 가지고 있다. 두 개 모두 검은색이다.)

④ both + 부정어 : 부분부정(두 개를 ~하지는 않다.)
- ▶ I don't want both books. (내가 두 개의 책을 원하는 것은 아니다.)

7) either와 neither 용법

① either는 긍정문에서 '둘 중 어느 한쪽', 의문문에서 '둘 중 하나', 부정문에서 '어느 쪽도'를 나타낸다.
- ▶ Either will do. (어느 쪽이나 좋다.)
- ▶ Do you know either of two brothers? (너는 두 형들 중 어느 한 사람을 알고 있니?)
- ▶ I don't know either. (나는 어느 쪽도 모른다.)

② neither는 부정문에서 '어느 것도 ~아니다'의 뜻을 나타낸다. neither는 단수취급이 원칙이지만 구어에서 of 뒤에 복수명사가 올 때 복수 취급을 한다.
- ▶ Neither of the stories was(were) true. (이야기 중 어느 것도 사실이 아니었다.)

③ everything은 '가장 중요한 것', '모든 것'을 의미한다.
- ▶ You mean everything to me. (너는 나에게 가장 중요하다.)

8) **복합 부정대명사** : some, any, no, every등이 one, body, thing 등과 결합한 부정대명사를 말하는 것으로 기본적으로 부정대명사의 의미를 지니며 단수 취급한다. 이들을 수식하는 형용사는 항상 뒤에서 쓰이고 no one만 붙이지 않고 띄어 쓴다.

① somebody, someone와 anybody, anyone은 각각 거의 같은 의미로 somebody, someone은 긍정문에서 anybody, anyone은 의문문과 부정문에서 쓰이고 구어체에서 somebody와 anybody를 많이 쓴다.

▶ Somebody is looking for you. (누군가 너를 찾고 있다.)

▶ Is there anybody here? (누구 계십니까?)

▶ Don't disturb anybody. (아무에게도 폐를 끼치지 마세요.)

TIP PLUS

부정문에서 anybody를 사용할 경우에는 부정어를 선행시킨다.
- There was nobody there.(거기에 아무도 없었다.) (O)
- There wasn't anybody there.(거기에 아무도 없었다.) (O)
- Anybody did not come. (X) → 부정문에서 부정어를 선행시키지 않고 anybody를 쓰지 않는다.
- Nobody came. (O)

② something은 긍정문에서 '무엇인가', anything은 의문문에서 '무엇인가'와 부정문에서 '아무것도', 긍정문에서 '어떤 것이든'의 뜻을 나타내며 nothing은 '아무것도 ~하지 않다', everything은 '가장 중요한 것', '모든 것'을 나타낸다.

something, anything, nothing, everything을 수식하는 형용사는 부정대명사 뒤에 위치한다.

▶ There is something wrong with the machine. (그 기계에 무엇인가 잘못되어 있다.)

▶ Is there anything new with your car? (네 차에 새로운 것이라도 있어?)

▶ I couldn't see anything. (나는 아무 것도 볼 수 없었다.)

▶ Anything will do. (아무 것이든 좋다.)

▶ I have nothing particular to do. (나는 특별히 할 일이 없다.)

▶ Nothing is easier than to cheat him. (그를 속이는 것보다 더 쉬운 것은 아무것도 없다.)

▶ You mean everything to me. (너는 나에게 가장 중요하다.)

02 의문 대명사

사람이나 사물에 대해 질문을 할 때 쓰이는 대명사로 who, what, which가 있다.

1) who (주격), whose (소유격), whom (목적격) : 사람에 대해 사용한다.

① Who is he? (그가 누구지?) - He is my brother. (그는 내 동생이야.)
→ who는 이름, 가족관계를 묻는다.

② Whose book is this? (이것은 누구의 책이지?) Whose is this book? (이 책은 누구의 것이지?) → whose는 단독으로 쓰이면 '누구의 것', 명사 앞에 쓰이면 '누구의'를 나타낸다.

③ Who(m) do you like? (너는 누구를 좋아하니?)

2) what (주격, 목적격) : 사물에 주로 사용하며, 사람에 쓰이면 직업을 묻는다.

① What's your name? (너의 이름이 뭐지?)

② What is your father? (너의 아버지 직업이 무엇이지?) - He is a doctor. (그는 의사입니다.) → what은 직업을 묻는다.

③ What do you like? (너는 무엇을 좋아하니?)

3) which (주격, 목적격) : 제한된 선택 범위 안에서 어느(것) ~?을 물을 때 사용한다.

① Which is better, this or that? (이것과 저것 중 어느 것이 좋습니까?)

② Which do you like better, dog or cat? (당신은 개와 고양이 중 어느 것을 더 좋아합니까?)

Exercise
제 8장 | 대명사 II (Pronoun)

A. 다음 (   ) 안에서 알맞은 것을 고르시오.

1. Do you have a pencil?   Yes, I have (one, it, another).

2. Some like basketball, (other, others) like volleyball.

3. I have two pen pals. (One, Another) is American, (another, the other) is French.

4. (Each, All, Every) of the students has his dictionary.

5. All (is, are) not happy.

6. Do you know (any, either) of three brothers?

7. I don't know (some, any) of them.

8. Every (boy, boys) (is, are) studying hard at school.

9. I don't like this bike. Show me (other, another).

10. (Whose, Who, Which) is this car?

B. 다음 문장에서 틀린 것을 바르게 고치시오.

1. No one know who sent the parcel.

    → _____

●연습문제●

2. None of us was present at the meeting.

   →

3. I have four sisters. One is in USA and the other are all with me.

   →

4. All of the stock were damaged by the rain.

   →

5. Whom do you think the speaker is?

   →

6. Do you want this bike? Yes, I want one.

   →

7. Would you like to have any drinks, please?

   →

8. Neither of the coats are good for you.

   →

9. It is one thing to own a library, it is the other to use it.

   →

10. Each of the students have his own computer.

    →

동사의 시제 I (Tense)

> **동사의 활용**
> 동사는 필요에 따라 형태가 변하며, 원형, 과거형, 과거분사형이 있다.
> - **원형** : 원래의 동사 형태를 말하며 조동사 뒤에, 그리고 명령문에 사용
> - **과거형** : 과거에 있었던 일을 나타낼 때 사용
> - **과거분사형** : 수동태, 현재완료, 과거완료 등을 만들 때 사용

01 동사의 변화

동사는 규칙변화와 불규칙변화가 있다. 규칙변화는 과거형, 과거분사형을 만들 때, 대부분의 동사 끝에 -ed를 붙이면 되지만, 불규칙변화는 이렇게 변화하지 않는다.

원형	과거형	과거분사형	비고
ask	asked	asked	
love	loved	loved	-e자로 끝나는 말
study	studied	studied	-y자로 끝나는 말
stop	stopped	stopped	단모음 + 단자음으로 끝나는 말

2) 불규칙 변화

변화 형태	원형	과거형	과거분사형
A → A → A (현재, 과거, 과거 분사형이 같은 경우)	cut hit put set hurt cost	cut hit put set hurt cost	cut hit put set hurt cost
A → B → B (과거와 과거 분사형이 같은 경우)	win buy say pay find hear send mean think bring build	won bought said paid found heard sent meant thought brought built	won bought said paid found heard sent meant thought brought built
A → B → A (현재와 과거 분사형이 같은 경우)	run come become	ran came became	run come become
A → B → C (현재, 과거, 과거 분사형이 다른 경우)	see get fly wake speak steal choose	saw got flew woke spoke stole chose	seen gotten(got) flown woken spoken stolen chosen
i → a → u	ring sing sink swim begin spring	rang sang sank swam began sprang	rung sung sunk swum begun sprung

변화 형태	원형	과거형	과거분사형
ow → ew → own	know blow flow grow throw	knew blew flew grew threw	known blown flown grown thrown
ear → ore → orn	bear tear wear	bore tore wore	born torn worn

02 동사의 시제

어떤 동작이 과거, 현재, 미래 중에서 언제 일어나는지를 나타내는 것을 시제라 하며 그 시제에 따라서 동사의 모양도 변한다.

1) 현재 시제

① 현재의 사실, 동작, 상태를 나타낼 때

▶ It is cold today. (오늘은 춥다.)
▶ She has blue eyes. (그녀는 푸른 눈을 가지고 있다.)
▶ He goes to school. (그는 학교에 간다.)

② 현재의 반복적인 습관을 나타낼 때

▶ He gets up at six every morning. (그는 매일 아침 6시에 일어난다.)
▶ She goes to church every Sunday. (그녀는 일요일마다 교회에 간다.)

③ 불변의 진리를 나타낼 때
- ▶ The earth moves round the sun. (지구는 태양 주위를 돈다.)
- ▶ The sun rises in the east. (태양은 동쪽에서 뜬다.)

④ 미래를 나타내는 부사, 부사구와 함께 쓰일 때, 또는 시간, 조건을 나타내는 부사절에서 쓰일 때(미래 대용)
- ▶ She leaves for New York tomorrow. (그녀는 내일 뉴욕으로 떠난다.)
- ▶ I'll be there when you come back. (나는 네가 돌아올 때 거기에 있을 것이다.)

2) 과거 시제

① 과거의 사실, 동작, 상태를 나타낼 때
- ▶ A big traffic accident occurred two days ago. (큰 교통사고가 2일 전에 일어났다.)
- ▶ He got up at six yesterday. (그는 어제 6시에 일어났다.)
- ▶ I was sleepy then. (나는 그 때 잠이 왔다.)

② 과거의 습관, 경험을 나타낼 때
- ▶ He used to go for a walk there. (나는 거기에 산책하곤 하였다.)
- ▶ Did you ever see tigers when you went to the zoo? (당신이 동물원에 갔을 때 사자를 본 적 있습니까?)

③ 역사적인 사실을 나타낼 때
- ▶ Columbus discovered America in 1492. (콜럼버스는 1492년에 미국을 발견하였다.)
- ▶ World War II broke out in 1939. (세계2차대전은 1939년에 일어났다.)

3) 미래 시제

① 미래의 사실 및 일어날 일을 나타낼 때 (will 사용)
- ▶ It will rain tomorrow. (내일 비가 올 것이다.)
- ▶ She will become a nurse. (그녀는 간호사가 될 것이다.)

② 자신의 의지, 또는 상대방의 의지를 나타낼 때
- ▶ I will do this work first. (나는 이 일을 먼저 하겠다.)
- ▶ Shall I call a taxi for you? (내가 택시를 불러줄까요?)

4) 진행 시제

① 현재 진행형 : 현재 진행중인 동작이나 상태 (be동사의 현재형 + ~ing)
- ▶ She is playing the piano. (그녀는 피아노를 연주하고 있다.)
- ▶ He is watching TV. (그는 TV를 보고 있다.)

② 과거 진행형 : 과거에 진행중인 동작이나 상태 (be 동사의 과거형 + ~ing)
- ▶ I was playing baseball then. (나는 그 때 야구를 하고 있었다.)
- ▶ He was writing a letter when I came in. (그는 내가 들어 왔을 때 편지를 쓰고 있었다.)

③ 미래 진행형 : 미래에 진행될 동작이나 상태 (will be + ~ing)
- ▶ I will be working at the office tomorrow. (나는 내일 사무실에서 일할 것이다.)
- ▶ She will be leaving for Paris on Sunday. (그녀는 일요일에 파리로 떠날 것이다.)

Exercise

제 9장 | 동사의 시제 I (Tense)

A. 다음 (   )안의 동사를 알맞은 형태로 고치시오.

1. It (be) very hot today.

2. I (send) him a parcel yesterday.

3. He (be) fifteen years old next year.

4. I hope she (come) here next week.

5. She was (write) a letter when I came in.

B. 다음 (   )안에 알맞은 것을 고르시오.

1. I will (be, am, was) free tomorrow.

2. Columbus (discovered, discovers) America in 1492.

3. I (will, shall) do my homework tomorrow morning.

4. My sister (plays, is playing) the violin every day.

5. When I went into the house, he (watched, was watching) TV.

제 9장 | 동사의 시제 I (Tense)

C. 다음 문장에서 잘못된 것을 바르게 고치시오.

1. I want to know when he comes to my house.

    →

2. She was borne in Seoul in 1980.

    →

3. My mother always got up at six every morning.

    →

4. It is said that the earth was round.

    →

5. I will leave for New York when you will come back.

    →

6. We works in the office tomorrow.

    →

7. He wrote a letter when I came in.

    →

8. I understand that World War II breaks out in 1939.

    →

● 연습문제 ●

9. The students will be happy when school will be over.

   → _____

10. If it will rain tomorrow, I will stay at my home.

    → _____

D. 다음 문장을 영작하시오.

1. 그는 아침에 산보하곤 하였다.

   → _____

2. 그녀는 일요일에 홍콩으로 떠날 것이다.

   → _____

3. 그녀가 돌아올 때까지 거기에서 기다려라.

   → _____

4. 내일 눈이 오면 스키 타러 갈 것이다.

   → _____

5. 콜럼버스가 1492년에 미국을 발견하였다고 한다.

   → _____

" Where there is a will, there is a way.
뜻이 있는 곳에 길이 있다. "

Part 2
2단계

제10장　동사의 시제 II(Tense)

제11장　조동사(Auxiliary Verb)

제12장　부정사(Infinitive)

제13장　동명사(Gerund)

제14장　분사(Participle)

제15장　분사구문

제16장　형용사(Adjective)

제17장　부사(Adverb)

제18장　의문사(interrogative)

동사의 시제 II (Tense)

01 완료 시제

어느 동사의 동작이나 상태가 한 시점에서 다른 시점으로 끝나는 것을 '완료시제'라 하고 기본적으로 현재완료, 과거완료, 미래완료로 구분한다. 완료시제는 어느 한 시점에서 다른 시점까지의 동작 또는 상태의 완료, 경험, 계속, 결과를 나타낸다.

1) 현재완료

과거에 일어난 일이 현재까지 영향을 미칠 때 현재완료 시제를 쓴다. 'have + 과거분사'의 형태로 쓰며, 이때 have는 조동사의 역할을 하고, 과거 분사는 본동사의 역할을 한다. 과거부터 현재까지의 완료, 경험, 계속, 결과를 나타낸다.

> **현재완료와 과거의 차이점**
> a. I began to study English two years ago. (과거)
> b. I still study English. (현재)
> c. I have studied English for two years. (현재완료)

a는 '과거에 영어를 공부하기 시작했다.'는 것만 말할 뿐 현재의 상황은 알 수 없다. b는 '나는 여전히 영어를 공부하고 있다.'의 현재의 상황만을 말해주고 있다. c는 '나는 2년 동안 영어를 공부해 오고 있다.'의 의미로 a와 b의 문장을 한 문장으로 표현하고 있다. 즉 **현재완료 = 과거 + 현재**를 나타내는 시제이다.

① **완료 (막 ~하였다)** : 과거에 일어난 일이 현재에 완료되었음을 나타낸다. Just, already, yet 등의 부사와 함께 많이 쓰인다.

- ▶ I **have just finished** my homework. (나는 숙제를 방금 끝냈다.)
- ▶ I **have not finished** my homework **yet**. (나는 숙제를 아직 끝내지 못했다.)
- ▶ I **have already met** your teacher. (나는 이미 네 선생님을 만났다.)

② **경험 (~한 적이 있다)** : 과거에서 현재까지 일어났던 경험을 표현한다. ever, never, before, once, often 등의 부사와 함께 쓰인다.

- ▶ I **have been** to Canada. (나는 캐나다에 간 적이 있다.)
- ▶ He **has never read** the book. (그는 결코 그 책을 읽은 적이 없다.)
- ▶ **Have** you **ever visited** Seoul? (당신은 서울을 방문한 적이 있습니까?)

③ **계속 (~해오고 있다)** : 과거에 시작된 일이 현재까지 계속되고 있을 때 쓴다. for, since, how long 등의 부사와 함께 많이 쓰인다.

- ▶ I **have lived** in Korea **for** three years. (나는 3년 동안 한국에 살고 있다.)
- ▶ He **has lived** in USA **since** 1980. (그는 1980년 이후로 미국에 살고 있다.)
- ▶ **How long have** you **been** there? (거기에 얼마나 오랫동안 있었지?)

④ **결과 (~해 버렸다, 그 결과 지금 ~하다)** : 과거 일의 결과가 현재까지 영향을 미치고 있음을 나타내는 문장이다.

▶ He has lost his watch. (그는 시계를 잃어 버렸다. 그 결과 지금 시계가 없다는 의미) (= He lost his watch and he doesn't have it now.)

▶ She has cleaned the room. (그녀는 방을 깨끗이 하였다. 그 결과 지금 방이 깨끗하다는 의미) (= She cleaned the room and the room is clean now.)

⑤ 현재완료에서 주의할 것

▶ have는 조동사 역할을 함으로 : 의문문은 Have + 주어 + 과거분사 ~? 부정문은 주어 + have + not + 과거분사 ~.
- Have you ever met Tom lately? – Yes, I have.
- I haven't seen him lately.
- I have never played golf.

▶ 명백히 과거를 나타내는 부사는 현재완료와 함께 쓰일 수 없다.
- I have met him last week. (X)
  I met him last week. (O)
- I have gone to school yesterday. (X)
  I went to school yesterday. (O)

2) 과거완료

과거의 일정 시점보다 먼저 일어난 일 또는 과거이전부터 과거의 일정 시점까지의 동작 또는 상태의 완료, 경험, 계속, 결과를 나타낸다.

'had + 과거분사'의 형태로 쓰며, 이때 had는 조동사의 역할을 하고, 과거 분사는 본동사의 역할을 한다.

① 과거 이전의 발생된 사실을 나타낸다.

I lost the book that you had given to me. (나는 당신이 주었던 책을 잃어버렸다.)

② 완료

He had already finished his homework when she arrived home. (그는 그녀가 집에 도착했을 때 숙제를 이미 끝냈었다.)

③ 경험

I had not been to Europe before I came here. (내가 여기 오기 전에는 유럽에 간 적이 없다.)

④ 계속

I had been sick for a week when she visited me. (그녀가 나를 방문했을 때 나는 1주일 동안 앓고 있었다.)

⑤ 결과

Hardly had he lost his purse when he bought a new one. (그는 지갑을 잃자마자 새 지갑을 샀다.)

3) 미래완료

미래의 일정 시점까지의 동작 또는 상태의 완료, 경험, 계속, 결과를 나타낸다. 'will(shall) + have + 과거분사'의 형태로 쓰며, 이때 have는 조동사의 역할을 하고, 과거 분사는 본동사의 역할을 한다.

① 완료

She will have arrived home by the time I come back. (그녀는 내가 돌아올 때까지 집에 도착해 있을 것이다.)

② 경험

I will have visited there three times if I visit once again. (내가 다시 한 번 방문하면 거기를 세 번 방문하게 될 것이다.)

③ 계속

He will have studied English for five years next month. (그는 다음달이면 영어를 5년 동안 공부해오고 있을 것이다. → 그는 다음달이면 영어 공부한 지 5년이 될 것이다.)

④ 결과

She will have entered the university since she studies very hard. (그녀는 매우 열심히 공부하기 때문에 대학에 들어갈 것이다.)

4) 완료 진행형

일반 진행형과 마찬가지로 완료진행형은 완료형태를 취하면서 진행중인 상황을 나타내는 것으로 현재완료 진행형, 과거완료 진행형, 미래완료 진행형이 있다.

① **현재완료 진행형** : 과거의 동작이 현재까지 진행되고 있을 때

I have been studying Japanese for two years. (나는 2년 동안 일본어를 공부해오고 있다.)

② **과거완료 진행형** : 과거이전의 동작이 과거의 일정시점까지 진행되고 있을 때

At last I found the book that I had been looking for. (드디어 나는 찾고 있었던 그 책을 찾았다.)

③ **미래완료 진행형** : 현재의 동작이 미래의 일정 시점까지 진행되고 있을 때

He will have been teaching Chinese for ten years by the end of this year. (그는 금년 말이면 10년 동안 중국어를 가르쳐 오고 있을 것이다.)

Exercise — 제 10장 | 동사의 시제 II (Tense)

A. 다음 현재완료의 용법 중에서 완료, 경험, 계속, 결과로 분류하시오.

1. I have just finished my homework. (   )

2. My daughter has never been to Hong Kong. (   )

3. She has lost the expensive watch. (   )

4. How long have you worked there? (   )

5. It has been very hot since the last week. (   )

B. 다음 완료시제의 용법 중에서 완료, 경험, 계속, 결과로 분류하시오.

1. I had not been to New York before I moved to USA. (   )

2. She will have arrived German when I call her. (   )

3. Scarcely had he lost his bike when he bought a new one. (   )

4. He will have worked hard until he is promoted. (   )

5. I will have visited Singapore twice when I go there again. (   )

● 연습문제 ●

C. 다음 중 괄호 안에서 알맞은 것을 고르시오.

1. I recognized her at once as I (have seen, had seen) her before.

2. Finally I found the key that I (have been, had been) looking for.

3. What book (have, had) you been reading all day long?

4. He (has, had) lived in USA since 1990.

5. I (have, had) been sick for a month when he visited me.

D. 다음 문장에서 틀린 것을 바르게 고치시오.

1. When have you seen her for the last time?

    → _____

2. We have married for the past five years.

    → _____

3. I recognize her at once as I have seen her before.

    → _____

4. He has begun the work ten years ago.

    → _____

조동사(Auxiliary Verb)

01 조동사의 역할 및 특징

조동사란 본동사를 도와주는 역할을 하며 홀로 동사의 역할을 하지 못한다. 이것은 본동사 앞에 사용되면서 의문문, 부정문, 시제나 태를 나타내기 위하여 사용되며 조동사의 역할을 할 때에는 인칭변화를 하지 않는다. 그러나, 조동사이면서 본동사로 사용되는 일부 조동사는 인칭변화를 해야 한다.

1) 역할

① 본동사 앞에 위치하여 본동사를 도와준다.

▶ I **can** go there. (나는 거기에 갈 수 있다.) → go앞에 위치, '간다'에서 '갈 수 있다'로 도와주고 있다.

② 의문문, 부정문, 시제, 태를 나타낼 때

▶ **Do** you know him? (당신은 그를 알고 있습니까?) → 의문문을 만드는 데 do의 조동사 필요.

▶ He **does** not want to go to church. (그는 교회에 가고 싶어하지 않는다.) → 부정문을 만드는 데 not과 함께 does라는 조동사가 필요.

▶ She **have** lived in Korea for five years. (그녀는 한국에서 5년 동안 살았다.) → 현재완료를 만드는 데 have라는 조동사 필요.

▶ The letter **was** written by my daughter. (그 편지는 나의 딸에 의해 쓰여졌다.) → 수동태를 만드는 데 was라는 조동사 필요.

③ 조동사 고유의 의미를 나타낸다.(고유의 의미를 갖는 조동사에 한정).

▶ We should obey the law. (우리는 법을 준수해야 한다.) → should의 '의무,당연'의 의미를 나타낸다.

2) 특징

① 평서문에서 본동사 앞에 위치한다.

▶ I can play baseball. (나는 야구를 할 수 있다.)

② 의문문으로 만들 때는 주어와 조동사를 도치시킨다.

▶ May I go there? (내가 거기에 가도 되겠습니까?) → I와 may가 도치

③ 부정문에서 조동사 뒤에 부정어를 둔다.

▶ You should not cry here. (너는 여기에서 울어서는 안 된다.) → not은 조동사와 본동사 사이에 위치

④ 고유의 의미를 갖는 조동사가 조동사로 쓰일 때는 인칭변화를 하지 않는다.

▶ He can speak English well. (그는 영어를 잘 할 수 있다.) (O)

▶ He cans speak English well. (X)

TIP PLUS

need, dare 등의 조동사가 본동사로 쓰일 때는 인칭변화를 한다.
She needs to go right away. (그녀는 즉시 갈 필요가 있다.)

02 조동사의 종류와 용법

1) do

① 동사를 강조할 때

▶ I do hope that you will succeed. (나는 당신이 성공하기를 진심으로 바랍니다.)

② 강조를 위한 일반동사의 도치구문에서

▶ Never did I dream that he had told a lie. (나는 그가 거짓말했으리라고는 꿈에도 생각하지 않았다.) → never를 강조하기 위해 did라는 조동사 사용

③ 대동사

▶ You walk faster than I do. (너는 나보다 빨리 걷는다.) → do는 walk의 대동사

2) have

① to와 함께 '~해야 한다(must)'는 '필요'를 표현할 때

▶ You have to leave now. (너는 지금 떠나야 한다.)

② have to의 부정으로 '~할 필요가 없다'를 표현할 때(don't have to=don't need to)

▶ You don't have to go there. (너는 거기에 갈 필요가 없다.)

③ have only to는 '~하기만 하면 된다'의 의미를 나타낸다.

▶ You have only to come. (너는 오기만 하면 된다.)

④ 완료형을 나타낼 때

▶ I have lived in USA for three years. (나는 미국에서 3년 동안 살고 있다.)

3) can

① 능력(~할 수 있다)

▶ I can play basketball. (나는 농구를 할 수 있다.)

> can의 미래형은 will be able to로 쓴다.

▶ I will be able to play basketball. (나는 농구를 할 수 있을 것이다.)

② 허가(~해도 좋다)

▶ Can I go home? (집에 가도 될까요?)

> 허가, 부탁의 의문문에서 could는 can보다 정중한 표현으로 쓰인다.

▶ Could I go home? (집에 가도 될까요?)

▶ Could you do me a favor? (부탁을 하나 해도 될까요?)

③ 가능성, 개연성(긍정문에서 '~할 수 있다', 부정문에서 '~할 리가 없다')

▶ I can see you tomorrow. (나는 내일 당신을 만날 수 있어요.)

▶ It cannot be true. (그것은 사실일 리가 없다.)

④ 강한 의심

▶ Can it be true? (그것이 사실일 수 있을까?)

⑤ 가벼운 명령(~하시오, ~해야 한다)

▶ You can go. (가거라.)

⑥ 숙어

▶ I cannot but respect her. (나는 그녀를 존경하지 않을 수 없다.) → but 다음에 동사의 원형이 온다.

▶ I cannot help respecting her. (나는 그녀를 존경하지 않을 수 없다.) → help 다음에 동명사가 온다.

▶ I cannot see him without thinking of his father. (나는 그를 볼 때마다 그의 아버지를 생각한다.) → 'cannot ~ without'는 '~하면 ~하다'의 뜻

▶ We cannot be too careful in driving a car. (차를 운전할 때 아무리 주의해도 지나치지 않다.) → 'cannot ~ too'는 '아무리 ~해도 지나치지 않다'의 뜻

4) may

① 허가(~해도 좋다)

▶ May I go there? (내가 거기에 가도 될까요?) Yes, you may go there. (예, 가도 좋습니다)

No, you may not(cannot, must not). (아니오, 가서는 안됩니다.)

▶ You may take anything you like. (네가 좋아하는 것은 어느 것이나 가져도 좋다.)

> may의 미래형은 will be allowed to로 쓸 수 있다.
> You will be allowed to take anything you like. (네가 좋아하는 것은 어느 것이나 가져가도 허락될 것이다.)

② 추측(~할 지 모른다)
- ▶ She may be sick. (그녀는 아플지도 모른다.)
- ▶ He may have left yesterday. (그는 어제 떠났을지도 모른다.)

③ 기원
- ▶ May King live long. (왕이여, 오래 사소서!)

④ 목적(~하기 위하여)
- ▶ He works hard so that he may pass the examination. (그는 시험에 합격하기 위하여 열심히 공부한다.) → 미국에서는 so that ~can(will)이 많이 쓰인다.

⑤ 양보(~할지라도)
- ▶ How tired you may be, you must do it. (네가 아무리 피곤할지라도 그것을 해야 한다.)

⑥ 숙어
- ▶ You may well be proud of your daughter. (네가 딸을 자랑하는 것도 당연하다.)
- ▶ You may(might) as well begin at once. (너는 곧 시작하는 편이 좋다.)
- ▶ You may(might) as well stay here as leave. (너는 떠나는 것보다 여기에 머무르는 것이 좋겠다.)

> may 대신에 might를 쓰면 보다 완곡한 표현이 된다.

5) must

① 필요(~해야 한다=have to)
   ▶ You must do it now. (너는 지금 그것을 해야 한다.)

② 추측(~임에 틀림없다)
   ▶ She must be tired. (그녀는 피곤함에 틀림없다.)
   ▶ She must have been tired. (그녀는 피곤했음에 틀림없다.)

③ 금지(부정문에서 ~해서는 안 된다)
   ▶ You must not smoke here. (너는 여기서 흡연하면 안 된다.)

④ 필연(반드시 ~하다)
   ▶ All men must die. (모든 사람들은 반드시 죽는다.)

⑤ 강한 의지(꼭 ~해야 한다)
   ▶ He must always have his own way. (그는 꼭 그의 방식대로 해야 한다.)

⑥ must의 미래형 및 과거형
   ▶ You will have to do the work. (당신은 그 일을 해야만 할 것이다.) → must의 미래형은 'will have to'로 쓴다.

6) Will과 shall : 미래를 나타내는 조동사의 기능뿐만 아니라 다음의 경우에 사용한다.

① 의지(~하겠다)
   ▶ I will give you my address. (당신께 나의 주소를 드리겠습니다.)

② 습관(~하곤 한다)
> ▶ He will often come to see me on Sunday. (그는 일요일에 종종 나를 보러 오곤 한다.)

③ 정중한 요청
> ▶ Will you kindly tell me the way to city hall? (시청으로 가는 길을 알려 주시겠어요?)

④ 능력(~할 수 있다)
> ▶ This receptacle will hold 2 gallons of water. (이 그릇에는 2갤론의 물을 담을 수 있다.)

⑤ 명령, 지시(~해라, ~하는 거다)
> ▶ You will do as I tell you. (내 말대로 하는 거다.)

⑥ 고집(~하려고 하다)
> ▶ This boy will not work. (이 소년은 일하려 하지 않는다.)

⑦ 결의(꼭 ~하다)
> ▶ I shall go to a dentist tomorrow. (나는 내일 꼭 치과에 갈 겁니다.)

⑧ 예언
> ▶ Seek, then you shall find. (찾아라, 그러면 당신은 발견할 것이다.)

⑨ 규정(~하여야 한다)
> ▶ The fine shall not exceed U$400. (과태료는 400달러를 초과해서는 안 된다.)

7) Would와 should

① 소망, 의지(~하고 싶다)
- ▶ I would like to visit Europe. (나는 유럽을 방문하고 싶다.)

② (불규칙적인) 습관(~하곤 했다)
- ▶ We would often go fishing in the river. (우리는 강에서 종종 낚시하곤 했다.)

③ 고집, 거부
- ▶ The door would not open. (문이 도무지 열리지 않았다.)

④ 정중한 권유
- ▶ Would you please wait a moment? (잠시 기다려 주시겠습니까?)

⑤ 능력(~할 수 있었다)
- ▶ The barrel would hold ten gallons. (그 통은 10갤론을 담을 수 있었다.)

⑥ 과거에 대한 추측(~이었을 것이다)
- ▶ It would be the first time I saw her. (그때가 내가 그녀를 만난 최초였을 것이다.)

⑦ 의무, 당연(~하여야 한다)
- ▶ You should be punctual. (시간을 준수해야 한다.)
- ▶ You should have seen it. (너는 당연히 그것을 보았어야 했는데 보지 못했구나.)

> 'should + have + 과거분사'는 '~을 했어야 했는데 하지 못했다'는 부정의 의미를 나타낸다.

⑧ 가능성, 추측

▶ I think it should be Mr. Brown. (나는 틀림없이 브라운씨일 것이라고 생각한다.)

⑨ 놀라움, 유감(~하다니)

▶ It is lucky that the weather should be so fine. (날씨가 이렇게 좋다니 행운이다.)

⑩ It is 다음에 necessary, important, natural, proper, right, good 등이 오면 종속절에 should를 쓸 수 있고 이때 should를 해석하지 않는다(현대영어에서 많이 생략한다).

▶ It is necessary that drivers (should) carry a driver's license. (운전자들은 면허증을 소지하는 것이 필요하다.)

⑪ 주장, 명령, 제안, 요구, 소망 등을 나타내는 동사(insist, request, suggest, propose, order, desire) 다음에 계속되는 명사절 안에 should를 쓸 수 있고 should는 해석하지 않는다(현대영어에서 많이 생략하지만 중요한 것은 주절의 동사와 관계없이 동사의 원형이 와야 한다는 것이다).

▶ He insisted that I (should) start at once. (그는 내가 즉시 출발해야 한다고 주장했다.)

⑫ 숙어

▶ Be careful lest you (should) fall from the tree. (나무에서 떨어지지 않도록 조심해라.)

8) ought to

① 의무, 당연(=should)

▶ You **ought to** apologize to her for your rudeness. (당신은 무례한 행동에 대하여 그녀에게 사과해야 한다.)

② 확실한 추측(~하기로 되어 있다, 틀림없이 ~할 것이다)

▶ It **ought to** be rainy tomorrow. (내일 틀림없이 비가 올 것이다.)

9) Used to

① 과거의 (규칙적인) 습관

▶ We **used to** go shopping every Saturday. (우리는 일요일마다 쇼핑하곤 했다.)

② 과거의 사실, 상태

▶ I **used to** live in USA. (나는 과거에 미국에 살았다.)

③ 의문문일 때 did 조동사를 사용

▶ **Did** he **use to** go to church every Sunday? (그가 일요일마다 교회에 가곤 했습니까?)

▶ He **did not use to** go to church every Sunday. = He **used not to** go to church every Sunday. (그는 일요일마다 교회에 가지 않았다.) → used to의 부정은 'did not use to' 또는 used not to 모두 가능하다.

▶ You **had to** do the work. (당신은 그 일을 해야만 했다.) → must 의 과거형은 'had to'로 쓴다.

be used to + (동)명사는 '~에 익숙하다'의 숙어이다.

10) need, dare

① need는 의문문과 부정문에서 조동사, 긍정문에서 본동사로 쓰인다.

▶ Need he answer it? (그가 그것을 대답할 필요가 있습니까?) → 의문문

▶ Yes, he needs to answer it. (예, 그가 대답할 필요가 있습니다.) → 긍정문

▶ No, he need not answer it. (아니오, 그가 대답할 필요가 없습니다.) → 부정문

> 현대영어에서 의문문과 부정문에서도 다음과 같이 조동사보다 본동사로 쓰이는 경향이 많다.

▶ Does he need to answer it? No, he doesn't need to answer it.

② Dare는 의문문과 부정문에 쓰이는 조동사로 '감히 ~하다'의 뜻이다.

▶ Dare he do it? (그가 감히 그것을 할 수 있을까?)

▶ He dare not do it (그는 감히 그것을 하지 못한다.)

> need와 마찬가지로 dare도 본동사로 사용된다.
> Does he dare to do it?
> He does not dare to do it.

제 11장 | 조동사(Auxiliary Verb)

A. 다음 문장에서 빈칸에 알맞은 동사나 조동사를 넣으시오.

1. We (   ) not be too careful for our health.

2. It (   ) be done with the utmost precision.

3. I (   ) think that it is a pity.

4. You (   ) as well study English as play outside.

5. Study hard, then you (   ) succeed in your lift.

6. You (   ) only to attend the meeting.

7. You (   ) well wonder.

8. Drivers (   ) not exceed a maximum of 55 miles a hour.

9. He (   ) have to finish the work by next Monday.

B. 다음 문장을 지시대로 고치시오.

1. He is able to run very fast. (미래시제)

   → _____

2. She used to stay here. (부정문)

   → _____

● 연습문제 ●

3. It is natural that she should be proud of her daughter. (may well사용)

    → _____

4. You have to go to school now. (부정문)

    → _____

5. Can I visit your office today? (미래시제)

    → _____

6. We may play baseball on the ground. (의문문)

    → _____

7. I never dreamed that he would succeed. (never를 시작으로)

    → _____

8. I think so, too. (부정문)

    → _____

9. He must work hard to support his family. (과거시제)

    → _____

10. You must do the work. (의문문)

    → _____

부정사(Infinitive)

> 부정사란 동사와 달리 인칭, 수, 시제 등에 제약을 받지 않는 동사형을 말한다. 부정사는 to + 동사원형(to부정사)와 to없는 동사원형(원형부정사)의 두 가지 형태가 있다.
> 부정사의 위치나 역할에 따라 명사적 용법(명사구), 형용사적 용법(형용사구) 그리고 부사적 용법(부사구)으로 구분한다.

01 명사적 용법

1) 주어 역할(~하는 것은)

① **To master** English requires patience and endurance. (영어를 마스터하는 것은 인내와 끈기를 요구한다.)

② **To speak** English fluently is not easy. (영어를 유창하게 말하는 것은 쉽지 않다.)

2) 목적어 역할(~하기를)

① He wants **to speak** English well. (그는 영어를 잘 말하기를 원한다. → 그는 영어를 잘 말하고 싶어한다.)

② She likes **to study** mathematics. (그녀는 수학 공부하기를 좋아한다.)

3) 보어 역할 (~하는 것이다)

① My wish is **to get** a good job. (나의 소망은 좋은 직업을 갖는 것이다.)

② To see is **to believe**. (보는 것이 믿는 것이다.)

4) **진주어 역할** : 영어에서는 주어를 길게 하는 것을 피하는 경향이 있다. 주어인 부정사 구문이 길 때 이것을 동사 뒤로 두고 그 대신 형식주어 It를 문장 맨 앞에 두어 주어, 동사를 쉽게 구별하게 한다. 여기에서 It를 가주어, to부정사 이하를 진주어라 한다.

① To master English in a short time is difficult. → It is difficult to master English in a short time. (영어를 단기간에 마스터하는 것은 어렵다.)

② To read good books is important. → It is important to read good books. (양서를 읽는 것은 중요하다.)

5) **진목적어 역할** : 진주어와 마찬가지로 목적어인 부정사 구문이 길 때 이것을 목적격 보어 뒤로 두고 그 대신 형식목적어를 목적격 보어 앞에 두어 목적어와 목적격 보어를 쉽게 구별하게 한다. 여기에서 It를 가목적어, to부정사 이하를 진목적어라 한다.

① I think to master English in a short time difficult.(X) → I think it difficult to master English in a short time. (나는 영어를 단기간에 마스터하는 것이 어렵다고 생각한다.)

② He found to read good books important.(X) → He found it important to read good books. (그는 양서를 읽는 것이 중요하다는 것을 알았다.)

6) **의문사 + to부정사**

① Do you know how to study well? (당신은 어떻게 공부를 잘하는지 알고 있습니까?)

③ I don't know where to go. (나는 어디로 가야 할지 모른다.)

7) whether + to부정사

① I couldn't decide whether to select this or that. (나는 이것을 선택해야 할지 저것을 선택해야 할지 결정할 수 없었다.)

② She didn't know whether to laugh or cry. (그녀는 웃어야 할지 울어야 할지 몰랐다.)

8) 관용적 표현

① I happened to see him on the street. (나는 길에서 그를 우연히 보았다.)

② She somehow managed to meet him. (그녀는 어떻게 해서 간신히 그를 만날 수 있었다.)

③ He sought to help her. (그는 그녀를 도와주려고 애썼다.)

02 형용사적 용법

1) 의미상의 주어를 한정(수식)하는 경우

① She is not a person to break her promise. (그녀는 약속을 어길 사람이 아니다.) → to부정사가 의미상의 주어인 a person을 수식하고 있다.

② I don't find any woman to take care of my son. (나는 아들을 돌볼 여자를 찾지 못하고 있다.) → to부정사가 의미상의 주어인 any woman을 수식하고 있다.

2) 의미상의 목적어를 한정하는 경우

① He has a lot of work to do today. (그는 오늘 해야 할 많은 일을 가지고 있다.) → to부정사가 의미상 목적어인 a lot of work을 수식하고 있다.

② I don't have time to waste now. (나는 지금 낭비할 시간이 없습니다.) → to부정사가 의미상 목적어인 time을 수식하고 있다.

3) 동격인 경우

① What is the best way to learn English? (영어를 배우는 가장 좋은 방법이 무엇입니까?) → to부정사는 의미상의 주어, 목적어도 아닌 단순한 수식어이며 동격이다.

② She doesn't have any desire to be rich. (그녀는 부자가 되고 싶은 욕망을 갖고 있지 않다.) → to부정사는 의미상의 주어, 목적어도 아닌 any desire와 동격이다.

4) be동사 + to부정사의 경우(서술적으로 쓰일 경우) : to부정사가 서술적으로 쓰일 경우 주격보어이기 때문에 명사적 용법과 혼동하기 쉽다. 그러나, 명사적 용법에서는 to부정사와 주어의 도치가 가능하지만 형용사적 용법에서는 그것이 불가능하다. 일반적으로, 주어가 사람인 경우에는 형용사적 용법이고 그렇지 않은 경우에는 명사적 용법이다.

① They are to meet him at this hotel. (그들은 이 호텔에서 그를 만나기로 되어 있다.) → 예정

② You are to do this now. (너는 지금 이것을 해야 한다.) → 의무, 명령

③ Not a living thing was to be seen. (생물이라는 것은 볼 수 없었다.) → 가능(could)

④ He is to die alone. (그는 고독하게 죽을 운명이었다.) → 운명

⑤ If you are to pass the examination, you have to study hard.
(당신이 시험에 합격하려면 열심히 공부해야 한다.) → 목적, 의도

⑥ He is to blame. (그가 비난 받아야 한다.) → 당연

TIP PLUS

명사적 용법과 형용사적 용법의 비교
- His wish is to meet his mother again. (그의 소망은 어머니를 다시 만나는 것이다.) → 명사적 용법
- He is to meet his mother again. (그는 그의 어머니를 다시 만나기로 되어 있다.) → 형용사적 용법

5) 관계대명사 + 부정사

① This is the house in which to live. (이것이 살아야 할 집이다.)

② They booked a hotel in which to stay together. (그들은 함께 머물 호텔을 예약하였다.)

6) 관용표현(추상명사와 함께)

① Juvenile crimes has a tendency to increase. (청소년 범죄가 증가하는 경향이 있다.)

② He took the trouble to help the poor. (그는 수고를 아끼지 않고 가난한 사람들을 도와주었다.)

③ She had the fortune to find a suitable house quickly. (그녀는 운이 좋게도 적당한 집을 빨리 찾았다.)

03 부사적 용법

1) 목적(~하기 위하여)

① I work hard to succeed in life. (나는 인생에서 성공하기 위하여 열심히 일한다.)

② He stopped going to smoke. (그는 담배를 피우기 위하여 가는 것을 멈췄다.)

2) 원인(~하니, ~해서)

① I am glad to meet you again. (나는 당신을 다시 만나서 기쁩니다.)

② She was very happy to see her mother. (그녀는 어머니를 보아서 매우 행복하였다.)

3) 판단의 근거(~하다니)

① She must be crazy to fall in love with such a man. (그녀가 그러한 사람과 사랑에 빠지다니 제정신이 아님에 틀림없다.)

② How foolish he is to believe such a thing! (그가 그러한 것을 믿다니 얼마나 바보스러운가!)

4) 결과(~하여 ~하다)

① He studied so hard as to pass the examination. (그는 열심히 공부하여 시험에 합격하였다.)

② She grew up to be a pianist. (그녀는 자라서 피아니스트가 되었다.)

기초 영문법 **127**

5) 조건(~하면), 양보(~할지라도)

① To hear him speak Japanese, you would take him for Japanese. (그가 일본어로 말하는 것을 들으면, 너는 그를 일본인으로 알 것이다.)

② To do my best, I couldn't finish my homework in a day. (최선을 다했지만 나는 하루에 숙제를 끝낼 수 없었다.)

6) 형용사, 부사, 동사 수식

① English is not easy to learn. (영어를 배우기가 쉽지 않다.)

② He ran fast enough to win the prize. (그는 상을 받을 만큼 빨리 달렸다.)

③ It takes a long time to master English. (영어를 마스터하는 데 긴 시간이 걸린다.)

7) 독립 부정사 : 문두, 문미, 또는 중간에 위치하면서 문장전체를 수식한다.

① To be frank with you (솔직히 말하자면)

② To be sure (확실히)

③ To tell the truth (사실대로 말하자면)

④ To begin with (우선)

⑤ To make matters worse (설상가상으로)

⑥ Needless to say (말할 필요도 없이)

⑦ Strange to say (이상하게 들리겠지만)

⑧ So to speak (말하자면)

04 원형 부정사

To 없는 부정사를 말하며 다음과 같은 경우에 사용된다.

1) 지각동사와 같이 사용될 경우(see, hear, feel, watch, notice, listen to 등)

① I heard her sing a song there. (나는 그녀가 거기에서 노래한 것을 들었다.)

② I saw him go to school in the morning. (나는 그가 아침에 학교에 가는 것을 보았다.)

③ I noticed her go downstairs. (나는 그녀가 내려가는 것을 보았다.)

2) 사역동사와 같이 사용될 경우(have, make, let, help 등)

① I will have him call you back. (그에게 당신께 전화하라고 하겠습니다.)

② She made me wash the car. (그녀는 나에게 차를 닦게 하였다.)

③ Let me know your address. (당신의 주소를 나에게 알려 주시오.)

3) Have + 사람 + 원형부정사 = get + 사람 + to부정사 = have (get) + 물건 + 과거분사

① I had him carry my bag. (나는 그에게 나의 가방을 들게 하였다.)
  = I got him to carry my bag.
  = I had my bag carried by him.

4) 관용적 표현

① You had better go to bed early. (너는 일찍 잠자는 것이 좋겠다.)

② I would rather walk than run. (나는 달려가는 것보다 차라리 걷겠다.)

③ I could not but laugh. (나는 웃지 않을 수 없었다.)

④ He does nothing but speak ill of others. (그는 다른 사람들을 욕하기만 한다.)

⑤ She may well be disappointed at the news. (그녀가 그 뉴스를 보고 실망하는 것도 당연하다.)

⑥ Well, we may as well get started now. (자, 우리 지금 시작하는 것이 좋겠다.)

05 부정사의 여러 가지 형태

1) 부정사의 의미상의 주어

① 주어가 부정사의 의미상의 주어
▶ I expect to receive a letter from her. (나는 그녀에게서 편지를 받기를 기대한다.)

② 목적어가 부정사의 의미상의 주어
▶ I expect you to send him a parcel. (나는 네가 그에게 소포를 보내기를 기대한다.)

③ 'for + 목적어'가 부정사의 의미상의 주어

▶ It is important for you to choose good friends. (네가 좋은 친구를 고르는 것이 중요하다.) → 명사적 용법

▶ It is time for you to get up. (네가 일어날 시간이다.) → 형용사적 용법

▶ Could you step aside for me to pass? (내가 지나갈 수 있도록 길 좀 비켜주시겠습니까?) → 부사적 용법

TIP PLUS

의미상의 주어로 'for + 주어'가 주로 쓰이나, 사람의 감정이나 성질을 나타내는 형용사 kind, nice, wise, rude, good, cruel, sweet, stupid, foolish, careless 등과 함께 쓰일 때에는 의미상의 주어로 'of + 주어'를 사용한다.
It is kind of you to say so. (당신이 그렇게 말씀하시니 친절하시군요.)

④ 일반인이 의미상의 주어일 때에는 보통 생략한다.

▶ It is important (for us) to obey the law. (법을 지키는 것은 중요하다.)

2) 부정사의 시제

① 단순 부정사 : 부정사의 시제는 본동사와 같다.

▶ She seems to be sick. → It seems that she is sick. (그녀는 아픈 것처럼 보인다.)

▶ She seemed to be sick → It seemed that she was sick. (그녀는 아픈 것처럼 보였다.)

② 완료 부정사 : 부정사의 시제는 본동사보다 앞선다.

▶ She seems to have been sick. → It seems that she was(또는 has been) sick. (그녀는 아팠던 것처럼 보인다.)

▶ She seemed to have been sick. → It seemed that she had been sick. (그녀는 아팠었던 것처럼 보였다.)

TIP PLUS

소망의 동사 과거형(wanted, hoped, wished, expected, desired, intended 등) 또는 be동사의 과거형(was, were)다음에 완료부정사가 오면 이루지 못한 사실을 나타낸다.
I hoped to have met her yesterday. (나는 그녀를 어제 만나고 싶었다.
→ 나는 그녀를 결국 만나지 못했다.)

3) 부정사의 수동태

부정사의 수동태는 'to be + 과거분사'이며 동사의 의미는 수동의 뜻을 나타낸다.

① King is to be respected by people. (왕은 국민들로부터 존경 받아야 한다.)

② Nobody was to be seen. (아무도 보이지 않았다.)

4) 부정사의 진행형

부정사의 진행형은 'to be + -ing'의 형태이며 동작이나 상태의 진행상황을 나타낸다.

① She was seen to be going upstairs. (그녀가 잠자러 가는 것이 보였다.)

> 지각동사나 사역동사가 수동태가 될 경우 능동태 때의 원형부정사가 to부정사로 변화한다.

② The airplane seemed to be landing safely. (비행기가 안전하게 착륙하는 것처럼 보였다.)

5) 부정사의 부정형

부정사의 부정은 부정사 앞에 not 또는 never를 써서 만든다.

① My mother asked me not to go out alone. (어머니는 나에게 혼자 밖에 나가지 말라고 하였다.)

② He pretended not to know what happened. (그는 무슨 일이 일어났는지 모른 척했다.)

6) 분리 부정사

To부정사 사이에 부사가 위치하여 부정사를 분리하는 형태로 부사를 먼저 해석한다.

① They agreed to calmly discuss the matter. (그들은 그 문제를 조용히 토의할 것에 동의하였다.)

② She accepted to partially agree with them. (그녀는 그들과 부분적으로 동의하는 것을 받아들였다.)

7) 대부정사

앞에 나온 동사를 반복해서 사용하는 것을 생략하고 to부정사 중 to만을 사용하여 대신한다.

① You may have hamburger if you want to (have). (햄버거를 먹고 싶으면 먹어도 좋다.)

② You may not go there, if you want not to (go). (거기에 가고 싶지 않으면 가지 않아도 좋다.)

8) 감탄문 유도

to부정사를 사용하여 때로 감탄문을 유도하기도 한다.

① To think that she won the first prize! (그녀가 일등상을 차지했다는 걸 생각만 해도 대단하군!)

② To marry such a beautiful lady! That's marvelous. (그렇게 예쁜 여자와 결혼하다니! 정말 놀랍군.)

Exercise

제 12장 | 부정사(Infinitive)

A. 다음 문장에서 틀린 것을 바르게 고치시오.

1. I will get her finish the work in a week.

   → _____

2. It is important of you to choose good books.

   → _____

3. He took the trouble in helping her.

   → _____

4. A boy was seen run out of the shop.

   → _____

5. I would rather not to accept the offer.

   → _____

6. I asked him help me with the work.

   → _____

7. He stepped aside of me to pass.

   → _____

8. How stupid she was marry such a man?

   → _____

Exercise

제 12장 | 부정사(Infinitive)

9. I asked him to not play tennis here.

→ _____

10. I had my shoes repair.

→ _____

B. 다음 문장에서 괄호 안을 알맞은 단어로 채우시오.

1. It is cruel (　　　) him to punish his son severely.

2. He was seen (　　　) walk with his child yesterday.

3. (　　　) is not easy to finish the work in a day.

4. It is honest (　　　) you to tell us about it frankly.

5. Oh! (　　　) think that he can speak five different languages!

6. It is difficult (　　　) you to understand this English book.

7. All she does is (　　　) complain.

8. You will find (　　　) difficult to read this book.

9. I make it a rule (　　　) take a walk every night.

10. It was careless (   ) her to make the same fault again.

C. 다음 중 괄호 안에서 알맞은 것을 고르시오.

1. I don't remember (what, which) time to start.

2. She didn't know (if, whether) to laugh or cry.

3. You had better (go, to go) to bed early tonight.

4. He pretended (not to, to not) know the truth.

5. I will have her (call, to call) you back.

6. I got him (carry, to carry) the baggage.

7. They booked a hotel in (which, that) to stay together.

8. I think it (easy, easily) to learn English.

9. I saw him (go, to go) to church yesterday.

10. We may as well (leave, to leave) now.

동명사(Gerund)

> 동명사란 동사의 원형에 –ing를 붙인 형태, 즉 분사의 형태로 명사적 역할이나 동사적 역할을 하는 것을 말한다. 다시 말해, 동명사와 현재분사의 형태는 차이가 없고 다만 동명사가 명사처럼 주어, 목적어, 보어의 역할을 한다는 것이다. 현재분사는 기본적으로 동사의 역할을 하기 때문에 주어와 도치될 수 없다. 그러나, 동명사는 주어, 목적어, 보어로서의 역할을 하기 때문에 도치가 가능하다는 것이다.

- Travelling by airplane is a convenient way to visit the country.
 (비행기로 여행을 하는 것은 나라를 방문하기 위한 편리한 방법이다.)
 → travelling은 주어로서 명사적 역할을 하며 by airplane을 동반함으로써 동사적 역할을 하고 있다.

- My dream is becoming a doctor in the future. (나의 꿈은 미래에 의사가 되는 것이다.)
 → becoming은 동명사로서 도치가 가능하다. 즉, Becoming a doctor in the future is my dream.이 가능하다.

- He is playing tennis. (그는 테니스를 하고 있다.)
 → playing은 현재분사로서 도치가 불가능하다. Playing tennis is he.(X)

01 동명사의 용법

1) 주어 역할(~하는 것은)

① Travelling is my hobby. (여행하는 것은 나의 취미이다.)

② Speaking English well is difficult. (영어를 잘 말하는 것은 어렵다.)

2) 목적어 역할(~하기를)

① I like climbing a mountain. (나는 등산하는 것을 좋아한다.)

② He is fond of playing baseball. (그는 야구하는 것을 좋아한다.) → playing은 of 전치사의 목적어.

3) 보어 역할 (~하는 것이다)

① My wish is becoming a lawyer. (나의 소망은 변호사가 되는 것이다.)

② My dream is travelling around the world. (나의 꿈은 세계 일주 하는 것이다.)

02 동명사의 시제

1) 단순 동명사 : 술부동사와 같거나 나중의 시제를 나타낸다.

① I am sure of his coming now. (나는 그가 지금 오고 있다는 것을 확신한다.)

→ I am sure that he is coming now. → 주절의 술부동사와 시제가 동일하다.

② I am sure of being successful. (나는 성공할 것을 확신한다.)
→ I am sure that I will be successful. → 주절의 술부동사보다 나중의 시제이다.

2) 완료 동명사 : 술부동사보다 시제가 앞선다.

① I forget having told him the truth. (나는 그에게 사실을 말했던 것을 잊고 있다.)
→ I forget that I have told him the truth.
→ I forget that I told him the truth. → 그에게 사실을 말한 것은 과거이고 잊고 있는 것은 현재이다.

② I forgot having told him the truth. (나는 그에게 사실을 말했었던 것을 잊어 버렸다.)
→ I forgot that I had told him the truth. → 그에게 사실을 말한 것은 과거 이전의 일이고 잊은 것은 과거이다.

03 동명사의 의미상 주어

1) 주어가 동일할 때

① I am tired of (my) watching the same movie. (나는 같은 영화를 보는 것이 지겹다.) → 영화를 보는 사람이 I이고 지겨워하는 사람도 I로서 주어가 같은 경우 의미상의 주어는 생략한다.

2) 주어가 다를 때

① She is sure of his being faulty. (그녀는 그가 잘못이라고 확신한다.)
→ She is sure that he is faulty. → 잘못한 사람은 he이고 확신하는 사람은 she이다.

② She is sure of the man being faulty. (그녀는 그 남자가 잘못이라고 확신한다.)
→ She is sure that the man is faulty. → 잘못한 사람은 the man이고 확신하는 사람은 she이다.

04 동명사의 수동태

He is afraid of being asked to lend money. (그는 돈을 빌려달라고 요청받는 것을 염려하고 있다.)
→ 'be동사 + 과거분사'로 of의 목적격으로 수동태의 형태를 취하고 있다.

1) need가 동명사와 함께 사용될 경우

① This car needs repairing. (이 차는 수리를 필요로 한다. → 이 차는 수리되어야 한다.)
→ need + -ing는 수동의 의미를 지닌다. 즉 여기에서 repairing은 'to be repaired'의 의미이다.

2) 동명사의 부정형 : 동명사의 부정은 동명사 앞에 not를 놓는다.

He insists on not having told her the truth. (그는 그녀에게 사실을 말하지 않았다고 주장한다.)

3) 동명사와 부정사의 차이

Remember, forget 등의 동사 뒤에 동명사가 오면 실현된 것을 나타내고 부정사가 오면 실현되지 않은 것을 나타낸다. 또한 stop등의 동사 뒤에 동명사가 오면 동명사의 명사적 의미를 나타내고 부정사가 오면 '~하기 위해'의 의미를 갖는다.

① I remember sending a letter to you. (나는 당신에게 편지 보낸 것을 기억한다.) → '보낸 것'

② I remember to send a letter to you. (나는 당신에게 편지 보내야 할 것을 기억한다.) → '보내야 할 것'

③ I forgot going there. (나는 거기에 간 것을 잊었다.) → '간 것'

④ I forgot to go there. (나는 거기에 가는 것을 잊었다.) → '가는 것'

⑤ I stopped smoking. (나는 담배를 끊었다.) → smoking하는 것 자체를 끊었다는 의미

⑥ I stopped to smoke. (나는 담배 피우기 위해 멈췄다.) → 부정사의 부사적 용법.

4) 목적어로 동명사만을 취하는 동사 : admit, avoid, consider, deny, enjoy, escape, finish, mind, miss, postpone, practice, give up등의 동사는 동명사만을 목적어로 취한다.

TIP PLUS

목적어로 동명사와 부정사를 모두 취하는 동사
begin, continue, dislike, forget, hate, like, love, regret, remember, start, stop, try 등

목적어로 부정사만 취하는 동사
agree, choose, decide, expect, hope, manage, mean, offer, plan, pretend, promise, refuse, wish 등

5) 동명사의 관용적 용법

① There is no ~ing = It is impossible to부정사(~할 수 없다, ~하는 것은 불가능하다)

   ▶ There is no knowing what will happen tomorrow. (내일 무엇이 일어날지 알 수 없다.)

② It is no use ~ing = It is of no use to부정사(~해도 소용없다)

   ▶ It is no use crying over spilt milk. (엎지른 우유를 보고 울어도 소용없다.)

③ It goes without saying that ~ = It is needless to say that ~ (~라고 말할 나위도 없다)

   ▶ It goes without saying that she will come. (그녀가 올 거라는 것은 말할 나위도 없다.)

④ be far from ~ing = be never ~(결코 ~가 아니다)

   ▶ He is far from being a genius. (그는 결코 천재가 아니다.)

⑤ cannot help ~ing = cannot but 동사원형 ~(~하지 않을 수 없다)

   ▶ I cannot help laughing at the ugly man. (나는 그 못생긴 사람을 보고 웃지 않을 수 없다.)

⑥ make a point of ~ing = make it a rule to부정사(~하는 것을 상례로 하고 있다)
  ▶ I make a point of keeping early hours. (나는 일찍 일어나는 것을 습관으로 삼고 있다.)

⑦ feel like ~ing = feel inclined to부정사(~하고 싶다)
  ▶ I feel like crying. (나는 울고 싶다)

⑧ be on the point of ~ing = be about to부정사(막 ~하려고 하다)
  ▶ He was on the point of leaving. (그는 막 떠나려 하고 있었다.)

⑨ be worth ~ing = It is worthwhile to부정사(~ing)(~할 가치가 있다)
  ▶ His proposal is worth reviewing in details. (그의 제안은 상세히 검토할 가치가 있다.)

⑩ of one's own ~ing = 과거분사 + by oneself.(자신이 직접 ~한)
  ▶ This problem is that of her own making. (이 문제는 그녀 자신이 직접 저지른 문제이다.)

⑪ come near (to) ~ing = nearly escape ~ing(거의 ~할 뻔하다)
  ▶ She came near being drowned. (그녀는 거의 익사할 뻔했다.)

⑫ on ~ing = as soon as ~, when ~(~하자마자)
  ▶ On coming back, he started working his homework. (돌아오자 마자, 그는 숙제를 하기 시작하였다.)

⑬ look forward to ~ing = wait eagerly ~ (~을 고대하다)

▶ I look forward to hearing from you. (나는 너의 소식을 고대한다.)

⑭ be used to ~ing = be accustomed to부정사(~ing)(~에 익숙해지다)

▶ He is used to getting up early in the morning. (그는 아침에 일찍 일어나는 데 익숙해져 있다.)

⑮ What do you say to ~ing? = Let's ~(~합시다)

▶ What do you say to going for a walk? (산보나 합시다.)

⑯ Not(never)... without ~ing(...하면 반드시 ~한다)

▶ I cannot see him without thinking of his father. (나는 그를 보면 그의 아버지를 생각하게 된다.)

⑰ A prevent B from ~ing(A 때문에 B가 ~하지 못하나)

▶ Her illness prevented her from going to school. (그녀의 병 때문에 그녀는 학교에 가지 못했다.)

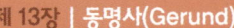

제 13장 | 동명사(Gerund)

A. 다음 문장에서 틀린 것을 바르게 고치시오.

1. I finished to study mathematics.

   → _____

2. He expects seeing her soon.

   → _____

3. I look forward to hear from you.

   → _____

4. He regrets having not been kind to her.

   → _____

5. She promised donating some money to the poor.

   → _____

B. 다음 문장에서 괄호 안을 알맞은 단어로 채우시오.

1. There is (   ) knowing what may happen in the future.

2. What do you say (   ) buying her a gift.

3. I feel (   ) going out for dinner tonight.

● 연습문제 ●

4. He came (   ) being run over.

5. She makes a point (   ) emailing to me once a week.

C. 다음 중 괄호 안에서 알맞은 것을 고르시오.

1. I am used to (get up, getting up) early in the morning.

2. The palace is worth (to visit, visiting).

3. I cannot (help, but) laughing at him.

4. (In, On) returning home, he went to bed.

5. He was (in, on) the point of leaving for New York.

6. I look forward to (see, seeing) you soon.

7. What do you say to (sing, singing) a song.

8. His car came near to (collide, colliding) with a bus.

9. There was (not, no) knowing what happened yesterday.

10. She cannot see a sad movie (without, but) crying.

제14장 분사(Participle)

분사에는 현재분사와 과거분사가 있다. 현재분사는 동명사처럼 동사원형에 –ing를 붙인 형태를 취하고 과거분사는 규칙동사의 경우 동사원형에 –ed를 붙이고 불규칙동사의 경우 다양한 형태로 과거분사를 만들 수 있다.

01 현재분사와 과거분사

1) 현재분사는 기본적으로 동사원형 + ing의 형태를 취한다.

go → going / walk → walking / run → running
dance → dancing / play → playing / fly → flying

2) 과거분사는 규칙동사의 경우 동사원형 + ed의 형태를 취하나 불규칙 동사의 경우 다양한 형태를 취한다.

play → played / kill → killed / unite → united
cut → cut / see → seen / write → written

3) 분사의 형태 : 분사는 분사의 종류에 따라서 진행형, 수동형, 완료형으로 쓰인다.

① I am writing a letter to you. (나는 당신에게 편지를 쓰고 있습니다.)
→ 진행형(be동사 + 현재분사)

② This letter was written by her. (이 편지는 그녀에 의해 쓰여졌습니다.) → 수동형(be동사 + 과거분사)

③ I have written this letter. (나는 방금 이 편지를 썼다.) → 완료형 (have동사 + 과거분사)

02 분사의 기본용법

1) 분사는 명사의 앞, 또는 뒤에서 수식한다. (한정용법)

① Look at that sleeping baby. (저기 잠자는 아기를 보아라.) → sleeping의 현재분사가 baby를 앞에서 수식

② Who's the baby sleeping over there? (저기서 잠자는 아기는 누구지?) → sleeping의 현재분사가 baby를 뒤에서 수식

③ There are lots of fallen leaves in fall. (가을에 많은 낙엽들이 있다.) → fallen의 과거분사가 leaves를 앞에서 수식

④ I gave him a watch made in Korea. (나는 그에게 한국산 시계를 주었다.) → made의 과거분사가 watch를 뒤에서 수식

2) 현재분사는 능동의 뜻, 과거분사는 수동의 뜻을 갖는다.

① The man writing a letter is my son. (편지를 쓰고 있는 사람은 내 아들이다.) → 능동의 뜻

② A letter written by the man is short. (그 사람에 의해 쓰여진 편지는 짧다.) → 수동의 뜻

③ A rolling stone gathers no moss. (구르는 돌은 이끼가 끼지 않는다.) → 능동의 뜻

④ A wounded soldier lay bleeding. (한 부상병이 피를 흘리고 누워 있었다.) → 수동의 뜻

3) 분사는 주격보어, 목적격보어가 된다. (서술용법)

① He sat there singing a song. (그는 노래를 부르면서 거기에 앉아 있다.) → singing의 현재분사가 주격보어로 쓰임.

② She became exhausted. (그녀는 지쳤다.) → exhausted의 과거분사가 주격보어로 쓰임.

③ I saw him walking in the street. (나는 그가 거리에서 걷고 있는 것을 보았다.) → walking의 현재분사가 him의 목적격 보어로 쓰임.

④ I've never heard her spoken well of. (나는 그녀가 좋게 말하여지는 것을 들은 적이 없다.) → spoken의 과거분사가 her의 목적격 보어로 쓰임.

⑤ I could not make myself understood in English. (나는 영어로 의사소통을 할 수가 없었다.) → understood의 과거분사가 myself의 목적격 보어로 쓰임.

4) 부정사, 현재분사, 과거분사의 의미상 차이

사역, 지각동사가 '목적어 + 부정사, 현재분사, 과거분사'와 함께 쓰일 경우 부정사는 동작·상태를, 현재분사는 진행을, 과거분사는 수동의 뜻을 나타낸다.

① I saw him come to the house. (나는 그가 집에 오는 것을 보았다.)

② I saw him coming to the house. (나는 그가 집에 오고 있는 것을 보았다.)

③ I saw him taken by the police. (나는 그가 경찰에 끌려가는 것을 보았다.)

TIP PLUS

have(get) + 사물 + 과거분사 = have + 사람 + 원형부정사 = get + 사람 + to부정사는 '~을 ~시키다', '~을 당하다' 의미를 나타낸다.
- I had my bike repaired. (나는 자전거를 수리시켰다. → 나는 다른 사람에게 자전거를 수리하도록 하였다.)
- I got my bike stolen. (나는 자전거를 도난 당했다. → 다른 사람이 나의 자전거를 훔쳐 갔다.)

5) 관용적 표현

① be busy -ing (~하는 데 바쁘다)

She is busy washing the clothes. (그녀는 옷을 세탁하는 데 바쁘다.)

② keep -ing (계속 ~하다)

He kept shouting. (그는 계속 소리치고 있다.)

③ go -ing (~하러 가다)

We went shopping. (우리는 쇼핑하러 갔다.)

④ spend time -ing (~하는 데 시간을 보내다)

I spend my evenings watching television. (텔레비전을 보는데 저녁시간을 소비한다.)

⑤ have a hard time -ing (~하는 데 어려움을 겪다)

I had a hard time cleaning the big house. (나는 큰 집을 청소하는 데 어려움을 겪었다.)

Exercise

제 14장 | 분사(Participle)

A. 다음 괄호 안의 동사를 알맞게 고치시오.

1. Look at the girl (sing) a song over there.

2. There was a stranger (stand) by the big door.

3. We could see lots of (fall) leaves here and there.

4. He had his photograph (take).

5. Some (wound) soldiers lay bleeding in the field.

6. We went (camp) yesterday.

7. I've never heard her badly (speak) of.

8. We kept the door (open).

9. I saw Jane (work) at the Chinese restaurant now.

10. The farmer was busy (sow) seeds in spring.

B. 다음 중 괄호 안에서 알맞은 것을 고르시오.

1. I had my watch (fixing, fixed).

2. There are some candles (burning, burned) on the cake.

● 연습문제 ●

3. She lay down (exhausting, exhausted).

4. He bought me a watch (making, made) in Korea.

5. I want my daughter (educating, educated) in USA.

C. 다음 문장을 해석하시오.

1. I had a hard time finding your house.

    → _____

2. I had my picture taken at the photographer's.

    → _____

3. She wants her daughter educated in USA.

    → _____

4. He is busy preparing for his departure.

    → _____

5. I have heard her singing a song upstairs.

    → _____

제15장 분사구문

> 분사에는 현재분사와 과거분사가 있다. 현재분사는 동명사처럼 동사원형에 -ing를 붙인 형태를 취하고 과거분사는 규칙동사의 경우 동사원형에 -ed를 붙이고 불규칙동사의 경우 다양한 형태로 과거분사를 만들 수 있다.

01 분사구문의 의미

분사구문이란 글자 그대로 분사로 시작되면서 절이 아닌 구로 만들어진 문구를 말한다. 구체적으로 '접속사 + 주어 + 동사'의 형태로 만들어진 종속절이 분사로 시작되는 부사구를 이루면서 주절의 동사를 수식하는 문구를 말한다.

02 복문의 예 및 분사구문을 만드는 방법

1) 복문의 예

① When I walked in the street, I met a beautiful girl. (내가 길을 걷
　　　　종속절　　　　　　　　　주절
고 있을 때 예쁜 소녀를 만났다.)

② As it was a fine day, I went out for a walk. (날씨가 좋았기 때문에
　　　종속절　　　　　　　주절
나는 산보하러 나갔다.)

③ As he had finished his work, he went out for a walk. (그가 일을
   　　종속절　　　　　　　　　주절
끝냈기 때문에 산보하러 나갔다.)

2) 분사구문을 만드는 방법

① 주절의 주어와 종속절의 주어가 동일한지 확인한다.

② 주어가 동일하면 생략하고 동일하지 않으면 그대로 둔다.

③ 주절과 종속절의 시제를 확인한다.

④ 주어가 같고 시제가 같으면 종속절의 접속사와 주어를 삭제하고 동사를 분사로 만든다.

▶ Walking in the street, I met a beautiful girl.

⑤ 주어가 다르면 종속절의 접속사만 삭제하고 주어를 그대로 둔 채 동사를 분사로 만든다.

▶ It being a fine day, I went out for a walk.

⑥ 종속절의 시제가 주절의 시제보다 앞서면 완료분사(having + 과거분사)로 만든다.

▶ Having finished his work, he went out for a walk.

03 분사구문의 용법

1) 때를 나타낼 때(when, while, as 등)

   ▶ Walking in the park, I saw a handsome man. (내가 공원을 걷고 있을 때, 잘생긴 사람을 보았다.) → When I walked in the park, I saw a handsome man.

2) 이유, 원인을 나타낼 때(as, since, because 등)

   ▶ Being rich, he can buy a new bike. (그는 부자이기 때문에 새 자전거를 살 수 있다.) → As he is rich, he can buy a new bike.

   ▶ Being ill, she didn't go to school. (그녀는 아팠기 때문에 학교에 가지 않았다.) → Because she was ill, she didn't go to school.

3) 조건을 나타낼 때(if 등)

   ▶ Going straight, you will find a subway station. (당신이 곧바로 가면 지하철역을 만날 것이다.) → If you go straight, you will find a subway station.

4) 양보를 나타낼 때(though, although 등)

   ▶ Not being rich, she is happy. (그녀는 부자가 아닐지라도 행복하다.) → Though she is rich, she is happy.

5) 부대상황을 나타낼 때 : '~하면서'의 뜻으로 주절과 동시동작을 나타낸다.

   ▶ Laughing loudly, the audience applauded the famous

singer. (청중들은 크게 웃으면서 그 유명한 가수에게 박수갈채를 보냈다.)
→ The audience laughed loudly and they applauded the famous singer.

04 분사구문의 시제

분사구문을 종속절로 바꿀 때 동사의 시제에 주의해야 한다. 단순 분사구문일 경우 종속절의 시제는 주절의 시제와 일치한다. 그러나 완료 분사구문일 경우 종속절의 시제는 주절의 시제보다 앞선다.

1) 단순 분사구문

▶ Being strong, he can lift the heavy suitcase. (그는 힘이 세기 때문에 무거운 가방을 들어올릴 수 있다.) → As he is strong, he can lift the heavy suitcase.

▶ Being strong, he couldn't lift the heavy suitcase. (그는 힘이 세었지만, 그 무거운 가방을 들어올릴 수 없었다.) → Though he was strong, he couldn't lift the heavy suitcase.

2) 완료 분사구문

▶ Having worked hard at the factory, I am exhausted. (나는 공장에서 열심히 일한 후 지쳐있다.) → After I have worked at the factory, I am exhausted.

▶ Having worked hard at the factory, I was exhausted. (나는 공장에서 열심히 일한 후 지쳐있었다.) → After I had worked hard at the factory, I was exhausted.

05 분사구문의 형태

1) 수동태 분사구문

▶ **(Being) beaten** too much, the boxer couldn't continue the game. (권투선수는 너무 많이 맞아서 게임을 계속할 수 없었다.) → As the boxer was beaten too much, he couldn't continue the game.

> 수동태 분사구문에서 be동사의 분사 'being'은 생략이 가능하다.

2) 완료분사구문 : having + 과거분사(종속절의 시제가 주절의 시제보다 앞설 때)

▶ **Having finished** his homework, he went out to play tennis. (그는 숙제를 끝낸 후 테니스하러 나갔다.) → As he had finished his homework, he went out to play tennis.

3) 분사구문의 뜻을 명확히 하기 위해 분사 앞에 접속사를 놓기도 한다.

▶ **Though** living close to the swimming pool, he didn't go there. (그는 수영장 근처에 살았지만 거기에 가지 않았다.)

4) being, having been의 생략

▶ **(Being) surrounded** by the sea, Korea has a mild climate. (한국은 바다로 둘러싸여 있어 날씨가 온화하다.) → 수동태 분사구문에서 be동사의 분사 'being'은 생략이 가능하다.

▶ **(Having been) lazy** all his life, he couldn't be well off. (그는 일생 동안 게을렀기 때문에 유복해질 수 없었다.) → 완료분사(having been)이 생략됨.

5) 분사구문의 부정은 부정어를 맨 앞에 놓는다.

▶ Not knowing where to go, I called her. (어디로 가야 할지 몰라서 나는 그녀에게 전화하였다.) → Since I didn't know where to go, I called her.

6) 분사구문의 주어와 주절의 주어는 항상 일치되어야 한다.

▶ Having finished reading the book, it was given to my sister. (X) → finish한 것은 I(사람)이 한 것이기 때문에 주절의 주어는 it이 아니라 I로 시작되어야 한다.

▶ Having finished reading the book, I gave it to my sister. (O)

06 독립분사구문

분사구문에서 주절의 주어와 같을 때에는 생략하지만 다를 때에는 생략해서는 안 된다. 따라서 이러한 구문에서 주어를 나타내야만 하는데 이것이 독립분사구문이다.

1) He being honest, I believe what he says. (그가 정직하기 때문에 나는 그가 말하는 것을 믿는다.) → Because he is honest, I believe what he says.

2) Night closing in, I came back home. (밤이 다가와서 나는 집으로 돌아갔다.) → As night closed in, I came back home.

3) There being no work to do, I idled my time away. (할 일이 없어서 나는 시간을 헛되이 보냈다.) → Since there was no work to do, I idled my time away.

> 독립분사구문에 'with + 목적어 + 분사'를 사용하면 '~를 ~하고'의 의미로 부대상황과 함께 묘사적 표현을 나타낸다.

4) He was standing with his arms folded. (그는 그의 팔짱을 끼고 서 있었다.) → He was standing and his arms were folded.

5) I ran in the park with my dog running beside me. (나는 공원에서 개와 함께 달렸다.) → I ran in the park and my dog ran beside me.

07 무인칭 독립분사구문

이것은 종속절의 주어가 we, you, they 등 막연히 일반적인 사람을 가리킬 때 주절의 주어와 달라도 생략할 수 있는 분사구문을 말한다.

1) Generally speaking, he is a genius. (일반적으로 말하면 그는 천재이다.)

2) Frankly speaking, I don't like you too much. (솔직히 말하면 나는 너를 그렇게 좋아하지 않는다.)

3) Strictly speaking, she is not a musician. (엄격히 말하면 그녀는 음악가가 아니다.)

4) Judging from his attitude, he will continue to work. (그의 태도로 판단하면 그는 일을 계속할 것이다.)

5) Considering (that) she is ill, she'd better take some rest. (그녀가 아프다는 것을 고려하면 그녀는 좀 휴식을 취하는 것이 좋겠다.)

Exercise

제 15장 | 분사구문

A. 다음 문장에서 잘못된 것을 알맞게 고치시오.

1. Being a fantastic day, I went out for a walk.
   →

2. Having walked in the street, I saw a pretty lady.
   →

3. Seeing from a distance, it looks like a human.
   →

4. Knowing not the road, I got lost.
   →

5. Having read the book, it was given to my friend.
   →

6. The sun set, it became cold.
   →

7. It having been on Sunday, all the shops were closed.
   →

8. Judged from what he said, he is not in the wrong.
   →

●연습문제●

9. He was standing alone in his arms folded.

   → _____

10. Writing a long time ago, the book was not easy to understand.

    → _____

B. 다음 괄호 안에서 알맞은 것을 고르시오

1. (Completed, Having completed) his work, he went out to play baseball.

2. (Judging, Judged) from her accent, she is a foreign.

3. (Seeing, Seen) from a distance, it looked like an animal.

4. (Shocking, Shocked) by my lecture, she left the conference room.

5. He was standing against the wall with his arms (folding, folded).

형용사(Adjective)

형용사란 사람, 동물, 사물의 성질, 모양, 크기, 색깔, 상태나 수량을 나타내는 말. 명사(대명사)를 수식하거나 설명해준다.

01 형용사의 종류

1) **성상형용사** : 사람, 사물에 대한 성질이나 상태를 나타낸다.
   Nice, interesting, delicious, beautiful, wooden 등

2) **수량형용사** : 수와 양을 나타낸다.
   many, (a) few, several, much, (a) little, some, any 등

3) **지시형용사** : 사람, 사물에 대한 지시를 나타낸다.
   this, that, these, those 등

4) **부정형용사** : 명확히 정해지지 않은 것을 나타낸다.
   some, any, all, both, each 등

5) **의문(관계)형용사** : 의문사(관계대명사)이면서 형용사 역할을 한다.
   whose, what, which 등

6) **소유형용사** : 소유격이면서 형용사 역할을 한다.

   my, your, his, her 등

7) **수사** : 숫자나 순서를 나타낸다.

   one, two, three, first, second, third 등

02 형용사의 위치

① 형용사는 보통 다음의 순서로 배열된다.

   관사(소유격)-지시-수량-대소-성상-신구-재료-명사

   ▶ a small black plastic bag

   ▶ a large wooden table

   ▶ those two large fine old stone houses

   ▶ my tall kind new friend.

② 형용사는 명사 앞에서 수식하는 것이 원칙이지만 형용사가 길거나 형용사 뒤에 나오는 어구와 함께 수식할 때에는 명사 뒤에 위치하기도 한다.

   ▶ She is a talented woman able to speak Chinese as well as English. (그녀는 영어뿐만 아니라 중국어도 할 수 있는 유능한 여자이다.)

   ▶ He is an actor handsome, clever and kind. (그는 잘 생기고 영리하며 친절한 배우이다.)

③ -thing, -body, -one을 수식할 경우는 수식하는 명사 뒤에 온다.
▶ There is something wrong with this refrigerator. (냉장고에 문제가 있다.)

④ alive, asleep, alike등 a-로 시작하는 형용사는 대부분 서술적으로 사용되지만 alive는 명사 뒤에서 한정적으로 사용되기도 한다.
▶ He is the greatest scientist alive. (그는 살아 있는 가장 위대한 과학자다.)

⑤ 관용적으로 명사 뒤에 오는 것 : things Korean (한국의 풍물)
▶ These stories are from time immemorial. (이 이야기들은 태곳적부터 나온 거다.)

03 형용사의 용법

1) **한정 용법** : 명사의 앞, 뒤에서 명사를 수식한다.
   ▶ He is a smart boy. (그는 영리한 소년이다.)
   ▶ I saw something white in the dark. (나는 어둠 속에서 흰 것을 보았다.)

   한정용법으로만 쓰이는 형용사 : very, mere, only, main, elder, former, upper, wooden 등

2) 서술 용법 : 주어를 설명하거나 (주격보어), 목적어를 설명한다.(목적격보어)

▶ I am old. (I = old, 주격보어)

▶ She looks beautiful. (She = beautiful, 주격보어)

▶ I found the story interesting. (story = interesting, 목적격보어)

TIP PLUS

서술용법으로만 쓰이는 형용사
① 주로 a로 시작하는 형용사 : alive, alike, asleep, afraid, awake, ashamed, alone(단, alive는 한정용법으로 사용될 때 명사 뒤에서 수식한다.)
② content, unable, worth 등

3) 한정용법, 서술용법에 따라 뜻이 달라지는 형용사

▶ the late Mr. John (고 John씨)

▶ I was late. (나는 늦었다.)

▶ a certain man (어떤 남자)

▶ I am certain this is true. (나는 이것이 사실이라고 확신한다.)

▶ my right hand (나의 오른손)

▶ I think he is right. (나는 그가 옳다고 생각한다.)

▶ the present King (현 국왕)

▶ The King was present. (왕이 참석했다.)

04 수량 형용사의 표현

1) 부정 수량 형용사 : 정해지지 않은 막연한 수나 양 또는 정도를 나타내는 형용사

구 분	수(가산명사 수식)	양, 정도(불가산 명사 수식)
많은	many	much
적은(긍정)	a few	a little
거의 없는(부정)	few	little
동수(량)의	as many	as much

① 가산명사를 수식할 때

▶ He doesn't have **many** books. (그는 많은 책들을 갖고 있지 않다.)

▶ I have **a few** friends here. (나는 여기에 몇 명의 친구가 있다.)
→ 긍정의 의미 강조

▶ **Few** people are there. (거기에 사람들이 거의 없다.) → 부정의 의미 강조

▶ He made five mistakes in **as many** lines. (그는 5개 라인에서 5개의 실수를 하였다.) → as many는 '꼭 그만큼', '동수의' 뜻이다.

▶ **Many a** student uses the school cafeteria. (많은 학생들이 학교식당을 이용한다.) → 'many a + 명사'는 의미는 복수이지만 단수 취급을 한다.

▶ **A great (good) many** people came here to see the famous actor. (많은 사람들이 유명한 배우를 보기 위해 여기에 왔다.) → a great(good) many는 '매우(꽤) 많은'의 뜻으로 복수명사가 온다.

▶ I have a lot of (lots of) books in the shelf. (나는 서고에 많은 책이 있다.) → a lot of (lots of)는 many나 much를 대신한다.

▶ There are quite a few books in the library. (도서관에는 꽤 많은 책들이 있다.) → 'quite a few'는 '꽤 많은'의 뜻으로 뒤에 복수 명사가 온다.

▶ A number of students are present at the meeting. (많은 학생들이 모임에 참석했다.) → 'a number of'와 'the number of'는 '많은'의 의미이나 'a number of'는 복수로 취급하여 복수동사를 쓰고 'the number of'는 단수로 취급하여 단수동사를 쓴다.

② 불가산명사를 수식할 때

▶ She doesn't have much money. (그녀는 많은 돈을 갖고 있지 않다.)

▶ I have little hope. (나는 희망이 거의 없다.) → 부정의 의미 강조

▶ There is a little water in the glass. (잔에 물이 조금 있다.) → 긍정의 의미 강조

▶ How much does she earn? I want as much. (그녀가 얼마만큼 돈을 버나요? 저도 그만큼 원합니다.) → as much는 '꼭 그만큼', '동량의'의 뜻이다.

▶ He drinks a small amount of wine. (그는 와인을 조금 마신다.) → 'a small amount of'는 '조금'의 뜻이다.

▶ She has quite a little money with her. (그녀는 많은 돈을 소유하고 있다.) → 'quite a little'은 '많은'의 뜻을 갖는다.

③ 가산명사와 불가산명사를 같이 수식할 수 있는 부정형용사

some과 any는 '약간의, 얼마의'의 뜻으로 가산명사와 불가산명사에 쓰인다.

▶ Give me some money, please. (저에게 돈 좀 주세요.)

▶ Do you have any pencils? (당신은 연필 좀 있어요?)

④ 관용적 표현

▶ She shook her head as much as to say "impossible". (그녀는 마치 '불가능하다'라고 말하듯이 머리를 흔들었다.) → as much as to say는 '마치 ~라고 말하듯이'의 뜻이다.

▶ I was not so much shocked as astonished. (나는 충격을 받았다기보다 오히려 놀랐다.) → not so much A as B(=not A as much as B)는 'A'라기 보다 오히려 'B'이다.

▶ He can not so much as write his name. (그는 이름조차 쓸 수 없다.) → not so much as는 '~조차 못하다'의 뜻이다.

▶ She went away without so much as saying goodbye to me. (그녀는 나에게 작별인사조차 없이 가버렸다.) → without so much as -ing는 '~조차 없이'의 뜻이다.

▶ He is little better than a beggar. (그는 거의 거지나 다름없다.) → little better than은 '거의 ~나 다름없는'의 뜻으로 no better than과 같다.

▶ His conduct was little short of madness. (그의 행동은 거의 광적인 것이었다.) → little short of는 '거의'의 뜻으로 almost와 같다.

2) **수사** : 일정한 수를 표시하는 말로 기수와 서수로 구분된다.

① 기수 : 하나, 둘, 셋.. 처럼 수를 셀 때 쓰인다.

▶ He has two brothers. (그는 두 명의 형제가 있다.)

② 서수 : 첫째, 둘째, 셋째.. 등 차례나 순서를 나타낸다.

▶ She is the first daughter in that family. (그녀는 그 가족에서 첫 번째 딸이다.)

수	기수	서수	수	기수	서수
1	one	first	11	eleven	eleventh
2	two	second	12	twelve	twelfth
3	three	third	13	thirteen	thirteenth
4	four	fourth	20	twenty	twentieth
5	five	fifth	21	twenty-one	twenty-first
6	six	sixth	30	thirty	thirtieth
7	seven	seventh	40	forty	fortieth
8	eight	eighth	100	hundred	hundredth
9	nine	ninth	101	one hundred one	one hundred and first
10	ten	tenth	1000	one thousand	one thousandth

③ hundred, thousand, million은 모두 단수 취급한다.

▶ Five hundred, six thousand, seven million

> 막연히 '많은 수'를 나타낼 때에는 hundreds of ~, thousands of ~ 로 쓴다.

기초 영문법 **171**

④ 분수에서 분자는 기수, 분모는 서수로 쓰고 분자가 복수이면 분모에 's'를 붙여 복수로 만들며 뒤에 오는 명사에 따라 단수, 복수가 결정된다.

▶ A third(1/3), three fifths(3/4), two and threefourths(2¾)

▶ Two thirds of the apples are bad. (사과의 2/3가 썩었다.) → 뒤에 오는 명사 apples가 복수이므로 복수 동사

▶ Two thirds of the land is barren. (육지의 2/3가 불모의 땅이다.) → land가 단수이므로 단수 동사

⑤ 배수사는 times as ~ as(몇 배 ~ 한)로 나타낸다.

▶ This is five times as wide as that. (이것은 그것보다 5배 넓다.)

⑥ 수사 읽는 방법

▶ 숫자는 천 단위로 끊어 읽는다.

777,777 : seven hundred seventy seven thousand, seven hundred seventy seven

▶ 년도 : 두 자리씩 끊어 읽는다.

2009년 : twenty nine / 1980 : nineteen eighty

▶ 날짜

February 10 : February ten 또는 February (the) tenth (미국식) the tenth of February (영국식)

▶ 시간

7:30 : a.m. seven thirty 또는 thirty past seven a.m.

8:15 : eight fifteen 또는 a quarter past eight

9:50 : nine fifty 또는 ten before(to) ten

▶ 소수점은 'point'로 읽고 소수점 이하는 숫자를 하나씩 읽는다. 0은 oh 또는 zero로 읽는다.
3.52 : three point five two

▶ 금액 : 소수점 이하는 기수로 전체를 읽는다.
$4.45 : four dollars (and) forty five cents
£2.30 : two pounds (and) thirty pence

▶ 온도 : 섭씨와 화씨로 나타낸다.
25°C : twenty five degrees Celsius
90°F : ninety degrees Fahrenheit

▶ 전화번호 : 숫자를 하나하나씩 읽는다.
2203-7754 : two two zero three, seven seven five four
(02) 453-5678 : area code zero two, four five three, five six seven eight

▶ 기타
Elizabeth II : Elizabeth the Second
World War II : World War Two 또는 the Second World War
Lesson V : Lesson five

05 형용사의 비교 변화

형용사에는 원급, 비교급, 최상급이 있다.

1) **규칙변화** : 원급 + er, est
   tall – taller – tallest
   young – younger – youngest

2) **[단모음 + 자음]일 때** : 자음을 하나 더 쓰고 -er, -est를 붙인다.
   hot – hotter – hottest
   big – bigger – biggest

3) **[자음 + y]로 끝나는 단어** : y를 i로 고치고 -er, -est를 붙인다.
   pretty – prettier – prettiest
   early – earlier – earliest

4) **3음절 이상의 긴 단어** : 단어 앞에 more, most를 붙인다.
   important – more important – most important
   difficult – more difficult – most difficult

06 형용사의 비교 표현

1) 원급 표현(동등 비교) : as 원급 as (~만큼 ~하다)

① 주어 비교(비교구문의 동사 + 보어가 생략되는 경우)

▶ Jane is as tall as Tom (is tall). (제인은 톰만큼 키가 크다.)

▶ She is as kind as you (are kind). (그녀는 당신만큼 친절하다.)

② 보어 비교(비교구문의 주어 + 동사가 생략되는 경우)

▶ She is as pretty as (she is) smart. (그녀는 똑똑한 만큼 예쁘기도 하다.)

③ 동등비교의 부정

▶ He is not so (as) strong as his brother (is strong). (그는 동생만큼 힘이 세지 않다.)

> as ~as의 부정은 'not so ~ as'로 나타내며 so대신 as를 사용하기도 한다.

④ as + 원급 + 관사 + 명사 + as구문 : '관사 + 형용사 + 명사'의 구문 앞에 as, so, too등의 부사가 오면 관사는 형용사 앞에 위치하지 못하고 명사 앞에 위치한다.

▶ He is as good a player as Michael Jordan (is). (그는 마이클 조던처럼 훌륭한 선수이다.) → as a good player가 아니라 as good a player가 되어야 한다.

2) **비교급 표현(우등 비교)** : 비교급 + than (~보다 더 ~하다)

① 주어 비교

▶ He is young**er than** you (are young). (그는 당신보다 더 젊다.)

② 목적어 비교

▶ I like climbing **better than** (I like) fishing. (나는 낚시보다 등산을 좋아한다.)

③ 부사 비교

▶ I study English **harder than** anybody does. (나는 어느 누구보다 영어를 더 열심히 공부한다.) → does는 study의 대동사

④ 비교급을 강조할 때 : 비교급을 수식하는 부사는 very가 아니라 much이다.

▶ She is **much younger than** I (am young). (그녀는 나보다 훨씬 더 젊다.)

⑤ superior, inferior, prefer 등의 비교 : superior또는 inferior 등과 같이 -or로 끝나는 비교형용사, 또는 prefer와 같이 비교급의 의미가 함축된 동사는 than대신 to를 사용한다.

▶ He is **superior to** his friends in studying. (그는 친구보다 더 공부를 잘한다.)

⑥ 동일인의 성질비교는 -er을 사용하지 않고 more를 사용한다.

▶ She is **more** shy than sociable. (그녀는 사교적이기보다는 수줍어하는 편이다.)

⑦ the + 비교급 + of the two(둘 중에서 ~한)의 비교급 : 뒤에 'of the two'의 구문이 나올 때 비교급이지만 'the + 비교급'의 형태를 취한다.

▶ It was the more expensive of the two. (그것은 둘 중에서 더 비쌌다.)

⑧ all the + 비교급이 뒤에 for, because, as등과 같이 사용하면 비교급 앞에 정관사를 붙이며 '~이기 때문에 더욱 더 ~하다'의 의미를 나타낸다.

▶ I love her all the better for her sincerity. (나는 그녀가 솔직해서 더 좋다.)

⑨ 비교의 대상이 생략될 때 : 비교급에서는 간혹 비교의 대상이 생략되기도 한다. 해석할 때에는 생략된 표현을 추가하여 해석하면 자연스럽다.

▶ She has never been happier (than now). (그녀는 지금보다 더 행복한 적이 없다.)

3) 최상급 표현

① the + 최상급 형용사로 '가장 ~한'의 의미를 나타낼 때 'the + 최상급 + in 장소, 단체이름(~에서 가장 ~하다)', 'the + 최상급 + of + 복수명사(~들 중에서 가장 ~하다)'를 나타낸다.

▶ Seoul is the largest city in Korea. (서울은 한국에서 가장 큰 도시이다.)

▶ Tom is the strongest boy in our class. (톰은 우리 반에서 가장 힘이 센 소년이다.)

▶ Mary is the prettiest girl of all my friends. (메리는 내 친구 중에서 가장 예쁜 소녀이다.)

② 비교의 대상이 아닌 동일 인물, 동일한 장소에서의 최상급 앞에는 정관사를 붙이지 않는다.

▶ I am happiest when I am alone. (나는 혼자 있을 때 가장 행복하다.) → 다른 이와 비교하지 않았기에(동일인물) 정관사를 붙이지 않는다.

▶ This river is deepest here. (이 강은 여기가 가장 깊다.) → 다른 강과 비교한 것이 아니기 때문에 정관사를 붙이지 않는다.

TIP PLUS

타인과 비교할 때에는 정관사를 붙인다.
He is the happiest of all of us. (그는 우리 모두 중에서 가장 행복하다.)

③ the last의 최상급 : last는 최상급으로 사용될 경우 '~한 마지막(즉 ~하지 않는)'의 의미를 나타낸다.

▶ She is the last woman to tell a lie. (그녀는 거짓말할 여자가 아니다.)

④ 최상급은 때로 양보의 뜻을 나타낸다.

▶ The wisest man cannot understand everything. (현명한 사람이라도 모든 것을 이해할 수는 없다.)(=Even the wisest man~)

⑤ most의 최상급 의미 : most가 정관사 없이 명사와 함께 쓰이면 '대부분의'의 뜻을 갖는다.

▶ Most students went to see a movie. (대부분의 학생들이 영화를 보러 갔다.)

⑥ 최상급 앞의 very의 의미 : 최상급을 강조할 때 very를 사용한다.

▶ This is the very best of all the proposals. (이것은 모든 제안 중에서 가장 좋은 것이다.)

⑦ a most에서 most는 '매우'의 의미를 뜻한다.
> This was a most brilliant performance. (이것은 매우 멋진 연주였다.)

07 주의할 비교표현

1) as ~ as any + 명사 : 원급으로 최상급의 의미를 표현한다.
> He is as tall as any student in his class. (그는 반에서 어떤 학생보다 키가 크다.)(=He is the tallest student in his class.)

2) as ~ as ever + 동사 : 원급으로 최상급의 의미를 표현한다.
> It is as happy a time now as ever happened to me. (지금이 나에게 일어났던 일 중 가장 행복한 시간이다.)(=It is the happiest time that (has) ever happened to me)

3) as ~ as possible (가능한 한 ~) (=as ~ as one can)
> I came back home as soon as possible. (나는 가능한 한 빨리 돌아왔다.)

4) as ~ as can be (매우 ~한)
> He is as bright as can be. (그는 매우 영리하다.)

5) not so much A as B (A라기보다는 오히려 B)
> He is not so much a scholar as a writer. (그는 학자라기보다 오히려 작가다.)

6) not so much as ~ (~조차 하지 않다, ~정도는 아닌)
> He cannot so much as write his name. (그는 이름조차 쓰지 못한다.)

기초 영문법 **179**

7) so much for (~의 일은 이 정도만)

▶ The game is over. So much for today. (게임이 끝났다. 오늘은 이 정도로.)

8) no more than(단지=only), no less than~(~만큼이나=as much(many) as), not more than(많아야, 기껏해야=at most), not less than(적어도=at least)

① I had no more than U$5. (나는 5달러밖에 없었다.)

② He gave me no less than U$500. (그는 나에게 500달러나 주었다.)

③ She has not more than U$100. (그녀는 많아야 100달러를 가지고 있다.)

④ Write a story of not less than 5,000 words. (적어도 5,000단어 이상의 이야기를 쓰시오.)

9) A ~ no more B than C ~ (C가 B가 아니듯이 A도 B가 아니다)

▶ He is no more mad than you are. (네가 미치지 않은 것처럼 그도 미치지 않았다.) → no를 not ~any로 바꿔 쓸 수 있다.

10) no less ~ than ~ (~와 마찬가지로 ~하다), not less ~ than~ (~못지 않게 ~하다)

① She is no less beautiful than her sister. (그녀는 누이동생과 마찬가지로 예쁘다.)

② She is not less beautiful than her sister. (그녀는 누이동생 못지 않게 예쁘다.)

11) no taller than~ (~처럼 크지 않다), not taller than~(~보다 크지 않다)

① He is no taller than you. (그는 너처럼 키가 크지 않다.)

② He is not taller than you. (그는 너보다 크지 않다.)

12) still/much more(하물며 더) → 긍정문, still less(하물며 더) → 부정문

① She speaks Chinese fluently, still more English. (그녀는 중국어를 유창하게 말한다. 하물며 영어는 더욱 더 잘한다.)

② She doesn't speak English, still less Chinese. (그녀는 중국어를 말하지 못한다. 하물며 중국어는 더욱 못한다.)

13) the + 비교급~, the + 비교급~ (~하면 할수록 ~하다)

▶ The harder we worked, the richer we became. (우리가 열심히 일하면 일할수록 우리는 부자가 되었다.)

14) 비교급 + and + 비교급 (점점 더 ~한)

▶ It is getting warmer and warmer. (날씨가 점점 더 더워지고 있다.)

15) at most(많아야, 기껏해야), at best(잘해야, 기껏해야), at least(적어도), at (the) latest(늦어도), at last(드디어)

① I have U$200 at most. (나는 많아야 200달러를 가지고 있다.)

② He is a fool at best. (그는 아무리 잘 보아야 바보다.)

③ It will cost at least five hundred dollars. (그것은 적어도 500달러 들 것이다.)

④ He will be back by 10 at (the) latest. (그는 늦어도 10시까지 돌아올 것이다.)

⑤ He has passed the entrance examination at last. (그는 드디어 입학시험에 합격했다.)

Exercise — 제16장 | 형용사(Adjective)

A. 다음에서 알맞은 것을 고르시오.

1. (Few, Little) people live there now.

2. There are (a few, a little) pencils on the desk.

3. How (many, much) hours are there in a day?

4. We have (few, little) time.

5. This book is (light, lighter, lightest) than that.

6. Jane is (tall, taller, tallest) than Ted.

7. Which is the most interesting (in, of) the three books?

8. Is Seoul the (large, larger, largest) city in Korea?

9. Tom is the (strong, stronger, strongest) boy in his class.

10. David is as kind (as, so, than) Mary.

B. 다음 문장에서 틀린 것을 바로 잡으시오.

1. Many a man think English difficult.

2. A number of people was present at the meeting.

●연습문제●

3. A good many people lives in this small house.

4. How much does he earn? I want as many.

5. Two thirds of the pears was bad.

6. There was few hope of his recovery.

7. David is so tall as Tom.

8. Three fifths of the land still lie waste.

9. He nodded his head as many as to say 'possible'.

10. She cannot as much as read the book.

C. 다음 (   ) 안에 적절한 단어로 채우시오.

1. She is quite (   ) clever as her sister.

2. Tom is superior (   ) me in mathematics.

3. She has twice (   ) much money as I do.

4. He is not (   ) much a teacher as a writer.

5. She doesn't speak English, still (   ) Japanese.

부사(Adverb)

01 부사의 역할 및 종류

부사는 동사, 형용사, 부사 또는 구와 절, 문장 전체를 수식하는 역할을 하며 부사는 크게 의미상 분류와 한정적 분류로 구분할 수 있다.

1) 의미상 분류

① 시간 부사 : when, now, then, soon 등

② 장소 부사 : where, here, there, near 등

③ 방법 부사 : how, easily, slowly 등

④ 빈도 부사 : once, twice, often, sometimes 등

⑤ 긍정, 부정의 부사 : yes, no, not, never 등

⑥ 정도 부사 : very, much, quite 등

⑦ 이유, 결과 : so, thus, therefore 등

2) 한정적 분류

① 단순부사 : very, fast, slow

② 지시부사 : this, that, here, there 등

③ 부정부사 : somewhere, somehow, anywhere, everywhere 등

④ 문장부사 : happily, naturally, fortunately 등

⑤ 의문부사 : when, where, how, why

⑥ 관계부사 : when, where, how, why

02 부사의 형태

1) 대부분 형용사에 -ly를 붙여 만든다

- kind → kindly(kind + ly)
- happy → happily(y로 끝난 형용사는 y를 i로 고치고 ly를 붙인다.)
- true → truly(e로 끝난 형용사는 e를 생략한 후 ly를 붙인다.)
- simple → simply(e로 끝났지만 그 앞에 l이 있는 형용사는 y만 붙인다.)

TIP PLUS

다음과 같이 부사의 형태를 취하는 형용사에 주의해야 한다.
elderly(나이 많은) / lonely(쓸쓸한) / holy(신성한) / lovely(사랑스러운)
homely(가정적인) / manly(남자다운) / ugly(추한) / womanly(여성다운)

2) 형용사와 부사의 형태가 같은 것들의 예

- fast : 빠른 (형용사) / 빨리 (부사)
- early : 이른 / 일찍
- late : 늦은 / 늦게 (*lately는 '최근에'의 뜻을 갖는 부사)

기초 영문법 **185**

- hard : 어려운, 단단한 / 열심히 (*hardly는 '거의 ~하지 않다'의 뜻을 갖는 부사)
- high : 높은 / 높게 (*highly는 '매우'의 뜻을 갖는 부사)
- near : 가까운 / 가까이 (*nearly는 '거의'의 뜻을 갖는 부사)
- pretty : 예쁜 / 아주, 매우
- He runs fast. (빨리 → 부사) / He is a fast runner. (빠른 → 형용사)
- She works hard. (열심히 → 부사) / It is a hard question. (어려운 → 형용사)
- It's a pretty tall building. (매우 → 형용사) / She is pretty. (예쁜 → 형용사)

03 부사의 위치

1) 동사를 수식하는 경우 : 동사 뒤에 또는 목적어나 보어 뒤에 놓는다.

- He walks slow.
- I solved the problem easily.

2) 형용사, 부사를 수식하는 경우 : 그 앞에 놓는다.

- This book is very interesting. (부사 very는 형용사 interesting의 앞에 위치)
- She speaks English very fluently. (부사 very는 부사 fluently의 앞에 위치)

3) **빈도 부사** : be동사·조동사의 뒤에, 일반 동사는 그 앞에 위치한다.

▶ Our president is often present at the staff meetings. (우리 사장은 스탭 미팅에 종종 참석한다.)

▶ I have never been there. (나는 거기에 가본 적이 없다.)

▶ He always walks to school. (그는 항상 학교에 간다.)

4) **부사는 보통 장소 – 양태 – 시간의 순서로 위치한다**

▶ We lived there happily before. (우리는 전에 거기에서 행복하게 살았다.)

5) **문장의 앞에 위치** : 문장 전체를 수식해 주는 부사도 있다.

▶ Happily she did not die. (다행히도 그녀는 죽지 않았다.)
(*cf.* She did not die happily. → 그녀는 행복하게 죽지 않았다.)

▶ Naturally he was very pleased to see her. (당연히 그는 그녀를 보고 매우 기뻐하였다.)

6) **목적어가 명사일 때** : 부사는 동사에 붙거나 떨어져도 되지만 목적어가 대명사일 때 동사와 부사가 붙어서는 안 된다.

▶ Put on your jacket. (O) / Put your jacket on. (O) (재킷을 입어라.)

▶ Put on it. (X) / Put it on. (O) (그것을 입어라.)

04 주의해야 할 부사의 용법

1) **very** : 원급 형용사나 부사, 현재분사 수식

   ▶ I am very happy. (나는 매우 행복하다.) → 원급 형용사 수식

   ▶ She speaks English very fluently. (그녀는 영어를 매우 유창하게 말한다.) → 부사 수식

   ▶ This story is very interesting. (이 이야기는 매우 재미있다.) → 현재분사

2) **much** : 비교급, 최상급, 과거분사 또는 동사 수식

   ▶ She is much smarter than I. (그녀는 나보다 더 영리하다.) → 비교급

   ▶ Democracy is much talked about these days. (오늘날 민주주의는 많이 얘기되고 있다.) → 과거분사 수식

   ▶ This is much the best. (이것이 단연코 최고다.) → 최상급

   ▶ Thank you very much. (대단히 감사합니다.) → 동사 수식

TIP PLUS

형용사화한 과거분사(satisfied, pleased, tired, delighted 등)는 much로 수식하지 않고 very로 수식한다.
- I am very tired today. (나는 오늘 매우 피곤하다.)

비교관념이 내포된 형용사 superior, different, preferable 등과 a-로 시작되는 형용사 afraid, alike, aware, ashamed 등은 much가 수식한다.
- This is much different from that. (이것은 저것과 매우 다르다.)
- I am much afraid of dogs. (나는 개를 몹시 두려워한다.)

3) **already** : 긍정문에서 '이미', 의문문에서 '이렇게 빨리(놀라움)'의 의미로 사용

- ▶ I have already finished my homework. (나는 숙제를 이미 끝냈다.)
- ▶ Is he back already? (그가 이렇게 빨리 돌아갔습니까?)

4) **yet** : 의문문에서는 '벌써', 부정문에서는 '아직'의 뜻으로 사용.

- ▶ Have you finished your homework yet? (당신은 벌써 숙제를 끝냈습니까?)
- ▶ I have not finished my homework yet. (나는 아직 숙제를 끝내지 못했다.)

5) **ago** : 지금부터 '~전' (과거시제와 같이 쓰인다.)

- ▶ He met his brother three weeks ago. (그는 3주전에 형을 만났다.)

6) **before** : 과거의 어느 때부터 '~전' (완료시제와 같이 쓰인다.) 현재완료와 함께 쓰이면 경험을 나타낸다.

- ▶ She said she had seen her mother two years before. (그녀는 2년 전에 엄마를 보았다고 말했다.)
- ▶ I have never seen his father before. (나는 그의 아버지를 본 적이 없다.)

7) **too** : 긍정문에 사용 (또한, 역시)

- ▶ I know, too. (나도 역시 안다.)

8) **either** : 부정문에 사용 (또한, 역시)

- ▶ I don't know, either. (나도 또한 모른다.)
- ▶ He doesn't have any books either. (그도 역시 어떠한 책을 가지고 있지 않다.)

9) **enough** : 형용사, 부사, 동사를 수식할 때 뒤에서 수식, 명사를 수식할 때는 형용사로 앞에서 수식

   ▶ He is strong enough to lift the heavy stone. (그는 무거운 돌을 올릴 수 있을 만큼 힘이 세다.)

   ▶ You know well enough what I mean.(너는 내 의도를 충분히 잘 알고 있지.)

   ▶ I can't thank you enough.(더할 나위 없이 감사합니다.)

   ▶ I have enough cash with me.(나는 충분한 현금을 가지고 있다.)

10) **so, too** : 형용사 앞에서 수식

   ▶ This book is so difficult that I cannot understand it.(이 책은 매우 어려워 나는 이해할 수 없다.)

   ▶ This machine is too heavy for me to move.(이 기계는 너무 무거워 나는 옮길 수 없다.)

11) **once** : 긍정문에서 '한 번, 한때', 부정문·조건문에서 '한 번도'의 의미로 사용될 때 문미에 쓰이고, '경험'을 나타낼 때 주로 일반동사 앞에 쓰인다.

   ▶ I have visited Italy once. (나는 이태리를 한 번 방문 하였다.)

   ▶ There was once a giant. (한때 거인이 있었다.)

   ▶ I have never seen her once. (나는 그녀를 한 번도 본 적이 없다.)

12) **ever** : 의문문, 부정문에서 '경험'을 나타내며 의문문에서 '언젠가, 지금까지', 부정문에서 '전혀, 결코'의 의미로 많이 쓰인다.

   ▶ Have you ever been to Japan? (당신은 일본을 방문한 적 있습니까?)

▶ Nobody ever comes to this part of the country. (아무도 이 지방에 오는 사람이 없다.)

13) **here** : '여기'의 의미로 장소를 나타내고 문장 앞에서 의미 없이 유도부사 역할을 한다. 또한, '이때' 및 출석 부를 때 '네'의 의미로 사용되기도 한다.

▶ Here is news for you. (너에게 들려줄 소식이 있다.)

▶ Here it is. (자 여기 있다.)

▶ Here the speaker paused. (이때 연사가 멈췄다.)

▶ Here. (네) → 출석 부를 때의 대답

14) **there** : '저기'의 의미로 장소를 나타내기도 하고 be동사, seem, stand, happen, occur 등과 함께 유도부사 역할을 한다. 또한, '거기서'의 의미뿐만 아니라 강조를 나타내어 '저 봐'의 의미로 사용된다.

▶ I saw nobody there. (나는 거기에서 아무도 보지 못했다.)

▶ There is someone at the door. (문에 누군가 와 있다.)

▶ There seems to be no room for doubt. (의심의 여지가 없는 것 같다.)

▶ There stands a church on the hill. (언덕 위에 교회가 있다.)

▶ There she paused. (거기서 그녀는 이야기를 멈췄다.)

▶ There goes the last bus. (저 봐 막차가 떠났어.)

here, there구문에서 주어가 명사일 때 보통 도치되지만 대명사일 때 도치되지 않으며 동사는 항상 주어의 수와 일치하여야 한다.

15) 부정의 뜻을 가진 not, never, hardly, rarely, scarcely, seldom 등은 be동사 · 조동사 뒤, 일반동사 앞에 쓰인다.

- ▶ He is not a student, but a teacher. (그는 학생이 아니라 선생님이다.)
- ▶ I will never go there. (나는 거기에 결코 가지 않겠다.)
- ▶ I can hardly believe it. (나는 그것을 거의 믿을 수 없다.)
- ▶ We rarely see him nowadays. (우리는 요즘 그를 좀처럼 보지 못한다.)
- ▶ I scarcely know him. (나는 그를 거의 모른다.)
- ▶ She seldom scolds her children. (그녀는 좀처럼 아이들을 꾸짖지 않는다.)

16) 부사 always, altogether, enough, fully, necessarily, quite 등은 부정어와 같이 쓰이면 부분부정을 이룬다.

- ▶ She does not always work hard. (그녀가 항상 열심히 일하는 것은 아니다.)
- ▶ That is not altogether false. (그것은 전혀 거짓말만은 아니다.)
- ▶ You don't necessarily have to attend. (너는 반드시 출석해야만 할 필요는 없다.)

05 관용적인 표현

1) as soon as possible (가능한 한 빨리)

▶ Finish the work as soon as possible. (일을 가능한 한 빨리 끝내라.)

2) nonetheless (그럼에도 불구하고)

▶ This substance may not affect humans. Nonetheless, we have to examine it closely. (이 물질은 사람에게 영향을 안 줄지 모른다. 그럼에도 불구하고, 우리는 그것을 세밀히 조사해야 한다.)

3) no sooner ~ than = hardly ~ when, scarcely ~ before (~하자마자 ~하다)

▶ No sooner had we started than it began to rain. (우리가 출발하자마자 비가 내리기 시작했다.)

4) sooner or later (조만간)

▶ He will come to Korea sooner or later. (그가 한국에 조만간 올 것이다.)

5) more or less (어느 정도, 다소간)

▶ You are also more or less responsible for the matter. (너도 그 문제에 대해 다소간 책임이 있다.)

Exercise
제 17장 | 부사(Adverb)

A. 다음 (   ) 안에서 알맞은 것을 고르시오.

1. He worked (hard, hardly).

2. Did you finish your homework (yet, already)?

3. I met her three years (ago, before).

4. She doesn't have any pencils (yet, either).

5. He is (very, much) taller than I.

6. Tom speaks English very (good, well).

7. I have (ever, once) seen a kangaroo.

8. She got up (late, lately) in the morning.

9. They are (very, much) less civilized than we are.

10. There (once, ever) lived a very famous king.

B. 다음 문장 중에서 틀린 것을 바르게 고치시오.

1. The movie started fifteen minutes lately.

   → _____

2. He gets usually up before six.

   → _____

● 연습문제 ●

3. This book is much interesting.

   → _____

4. She said that she had seen him two years ago.

   → _____

5. Where is your jacket? Please put on it since it is very cold .

   → _____

6. There seem to be no room for question.

   → _____

7. I was hit hardly by my friend's failure.

   → _____

8. Her watch is prettily expensive.

   → _____

9. For questions, raise the right hand highly.

   → _____

10. It was a much amazing story.

    → _____

Exercise
제 17장 | 부사(Adverb)

C. 다음 문장의 빈칸에 들어갈 알맞은 말을 보기에서 고르시오.

보기
lately   carefully   also   rarely   so
hard   still   soon   perhaps   early

1. Please listen to me (   ).

2. My mother gets up (   ) in the morning.

3. (   ) he will not come tonight.

4. She is (   ) working in the hospital.

5. It (   ) snows in California.

D. 다음 문장에서 괄호 안의 단어를 적절한 곳에 넣으시오.

1. I go to the tennis court on Sunday.(seldom)

2. You know well what I said.(enough)

3. Have you finished your homework?(yet)

4. No sooner had we left it started to snow.(than)

5. My son plays basketball well.(pretty)

● 연습문제 ●

6. Jane is so tired that she can go up to the stairs.(hardly)

7. He could spell his own name.(scarcely)

8. You cannot be careful in choosing your friends.(too)

9. She studies in the library.(usually)

10. You are also responsible for the accident.(more or less)

E. 다음 문장에서 괄호 안에 적절한 단어를 넣으시오.

1. She will be back sooner or (   ).

2. Your daughter is old (   ) to understand it.

3. He is also (   ) or less responsible for this matter.

4. Have you finished your homework (   ).

5. (   ) seems to be no room for doubt.

의문사(Interrogative)

의문사란 의문문에서 보통 문장 앞에 위치하여 사람, 사물, 장소, 시간, 이유, 방법 등을 물어볼 때 사용되는 단어로 의문사를 사용한 의문문은 문장 끝을 올려 읽지 않는다.

의문사는 보통 의문대명사, 의문형용사, 의문부사로 나누는데 의문문에서 의문사를 사용하여 각각 대명사, 형용사, 부사의 역할을 한다.

01 의문사의 종류 및 기능

의문 대명사	who, whose, whom, what, which
의문 형용사	whose, what, which
의문 부사	why, how, when, where

의문사는 관계대명사, 관계부사와 형태가 같으며 때로는 what, how 와 같이 감탄사로 쓰이는 의문사도 있다. 의문사로 시작하는 의문문은 Yes나 No로 답하지 않고 구체적으로 대답해야 한다. 또한, 의문사는 간접의문문에서 문장의 중간에 위치하여 주절과 종속절을 연결하는 역할도 하기도 한다.

02 의문 대명사

의문대명사에는 who, what, which 등이 있고 다음과 같이 격변화를 한다.

구분	주격	소유격	목적격
사람	who	whose	whom
사물	what	X	What
사람, 사물	which	X	which

1) Who : '누구', '어느 사람' 등 주로 이름·가족관계 등을 물을 때 쓰이고 whose는 '누구의'의 소유격, whom은 '누구에게'의 목적격으로 쓰인다.

▶ Who is he? (그가 누구입니까?)

▶ Who is at the door? (현관에 있는 사람이 누구냐?)

▶ Tell me who he is. (그가 누구인지 나에게 말해 주시오.)

▶ Whose house do you think this is? (이것이 누구의 집이라고 생각합니까?)

▶ To whom was the letter addressed? (그 편지는 누구 앞으로 주소가 되어 있습니까?)

> 구어에서는 who의 목적격으로서 문장 또는 절의 맨 처음에, 그리고 whom to do에서는 whom대신에 who가 쓰이며 문두의 전치사가 문미로 간다.
> Who was the letter addressed to?

2) **What** : '무엇', '어떤 것', '얼마' 등 직업, 신분, 국적, 가격 등을 물을 때나 간접의문문의 절이나 'what to do'의 형태로 쓰인다.

▶ What is he? (그는 직업이 무엇입니까?)

▶ What do you do? (당신은 직업이 무엇입니까?) → What are you? 는 무례한 표현으로 보통 What do you do?로 표현한다.

▶ What happened? (무슨 일이 일어났는가?)

▶ What do you call this plant? (이 식물을 무엇이라고 부릅니까?)

▶ What is the price of this camera? (이 카메라의 가격은 얼마입니까?)

▶ I don't know what to do. (나는 무엇을 해야 할지 모르겠다.)

3) **which** : '어느 것', '어느 사람', '어느 쪽' 등 한정된 수의 여러 개 중에서 '어느 것'을 선택할지 물을 때 쓰인다.

▶ Which is your book? (당신의 책은 어느 것입니까?)

▶ Which do you like better, tea or coffee? (차와 커피 중 어느 것을 더 좋아합니까?)

▶ Which do you like best, apple, pear and banana? (사과, 배, 바나나 중에서 어느 것을 가장 좋아합니까?)

> 두 개 중에서 선택할 때에는 비교급, 세 개 중에서 선택할 때에는 최상급을 쓴다.

▶ Which of them are your sons? (그들 중 어느 사람이 당신 아들들인가?)

03 의문형용사

의문사가 명사 바로 앞에서 수식하는 형태의 형용사로 whose, what, which 등이 있다.

1) **whose** : '누구의'의 의미로 who의 소유격과 동일하게 다음에 오는 명사를 수식하며 물을 때 쓴다.

　▶ Whose necklace is this? (이것은 누구의 목걸이입니까?)

　▶ Whose coat is that? (그것은 누구의 코트입니까?)

2) **what** : '무슨', '어떤', '얼마만큼의'의 의미로 뒤에 오는 명사를 수식하며 물을 때 쓴다.

　▶ What day is today? (오늘은 무슨 요일인가?)

　▶ What size is your hat? (너의 모자는 어떤 사이즈니?)

　▶ I didn't know what clothes I should wear. (나는 어떤 옷을 입어야 좋을지 몰랐다.)

3) **which** : '어느', '어떤', '어느 쪽의'의 의미로 뒤에 오는 명사를 수식하며 물을 때 쓴다.

　▶ Which book is mine? (어느 책이 내 책이지?)

　▶ Which one will you take? (너는 어느 것을 택할 거야?)

04 의문부사

문장에서 부사의 역할을 하는 의문사로 why, when, where, how 등이 있다.

1) why : '왜', '어째서'의 의미로 이유나 목적을 물을 때 쓴다.

▶ Why did you refuse? (왜 너는 거절했나?)

▶ Do you know why she is so happy? (당신은 왜 그녀가 그렇게 행복해 하는지 알아요?)

2) when : '언제', '어떤 때에'의 의미로 때를 물을 때 쓴다.

▶ When will they come? (그들이 언제 올까?)

▶ I know when he was born. (나는 그가 언제 태어났는지 알고 있다.)

3) where : '어디서', '어디로', '어디에'의 의미로 장소를 물을 때 쓴다.

▶ Where is your hat? (너의 모자는 어디에 있니?)

▶ Tell me where to go. (어디로 가야 할지 가르쳐 주시오.)

4) how : '어떻게', '얼마나', '얼마만큼'의 의미로 수단과 정도를 물을 때 쓴다.

▶ How do you spell the word? (그 낱말의 철자를 어떻게 씁니까?)

▶ How long will you stay here? (당신은 여기에서 얼마나 오래 머물 겁니까?)

05 의문사의 특수용법

1) why를 제외한 모든 의문사는 '의문사 + to부정사'로 명사구를 만든다.

   ▶ I don't know what to do. (나는 무엇을 해야 할지 모르겠다.)

   ▶ Tell me where to put the books. (책을 어디에 두어야 하는지 알려주세요.)

   ▶ He knows how to write. (그는 쓰는 방법을 안다.)

2) 의문사를 강조하기 위해 다음의 어구들을 많이 사용한다.

   ▶ Where on earth have you been? (너는 도대체 어디에 갔었나?)

   ▶ What in the world is it? (도대체 그것이 무엇이니?)

   ▶ What the hell do you want? (너는 도대체 무엇을 원하는 거야?)

   ▶ Whoever did it? (도대체 누가 그것을 했니?)

06 의문사의 관용표현

① What about a walk? (산보하는 게 어때요?)

② What do you say to going home? (집에 가는 게 어때요?)

③ What if he comes back? (그가 돌아오면 어떻게 될까?)

④ What's new? (무슨 새로운 일이라도 있나?)

⑤ **What's the matter (What's wrong)** with you? (무슨 일이에요?)

⑥ **What's up**? (무슨 일이야? 또는 어떻게 지내?)

⑦ **How about** a drink? (한 잔 하는 것 어때요?)

⑧ **How come** you did it? (어째서 너는 그걸 했니?)

⑨ **Why don't you** go there? (거기에 가지요?)

⑩ **Why not** stop here? (여기 멈추는 것이 어때?)

Exercise

제 18장 | 의문사(Interrogative)

A. 다음 문장에서 틀린 곳을 바르게 고치시오.

1. Which do you like best, tea or coffee?

   → _____

2. Tell me who is he.

   → _____

3. Whom was the parcel addressed to?

   → _____

4. How do you call the plant?

   → _____

5. Do you think when he will be back?

   → _____

6. What of them are your daughters?

   → _____

7. I don't know why to do it.

   → _____

8. Do you know how many boys are there in my class?

   → _____

Exercise

제 18장 | 의문사(Interrogative)

9. What one will you select?

   → _____

10. How is the price of this watch?

    → _____

B. 다음 (   ) 안에서 올바른 것을 고르시오.

1. (Which, Whose) house is this?

2. (Who, What) are you?

3. Which do you like (better, best), apple, pear or banana?

4. (Which, Whose) book is mine?

5. He knows (where, how) to write.

C. 다음 빈칸에 알맞은 의문사를 넣으시오.

1. (   ) umbrella is this?

2. (   ) are you thinking about?

3. I don't know (   ) to solve the problem.

4. (   ) don't you get together soon.

5. (   ) in the world have you been?

●연습문제●

D. 다음 문장을 영작하시오.

1. 그는 내가 언제 돌아올 지 알고 있었다.

   → _____

2. 당신은 사과와 오렌지 중 어느 것을 더 좋아합니까?

   → _____

3. 나는 이것이 누구의 돈인지 궁금하다.

   → _____

4. 도대체 너는 무엇을 의미하는 거야?

   → _____

5. 이 약을 마셔보는 것이 어떻겠습니까? (What do you say to를 사용해서)

   → _____

"Never put off till tomorrow
what you can do today
오늘에 할 일을 내일로 미루지 마라."

Part 3
3단계

제19장 관계대명사 I(Relative Pronoun)

제20장 관계대명사 II(Relative Pronoun)

제21장 관계부사(Relative Adverb)

제22장 태(Voice)

제23장 법(Mood)

제24장 일치와 화법(Agreement and Narration)

제25장 접속사(Conjunction)

제26장 전치사(Preposition)

제27장 특수구문

관계대명사 I (Relative Pronoun)

> 관계대명사란 앞 문장과 뒤 문장을 하나의 문장으로 연결시켜 주는 대명사이다. 관계대명사는 접속사＋대명사의 두 가지 역할을 하며 격변화(주격, 소유격, 목적격)를 한다.

01 관계 대명사의 종류

1) 관계대명사의 격변화

관계대명사에는 who, which, that, what이 있고 다음과 같이 격변화를 한다.

선행사 / 격	주격	소유격	목적격
사람	who	whose	whom
동물, 사물	which	whose 또는 of which	which
사람, 동물, 사물	that	X	that
사물 선행사를 포함	what	X	what

2) 관계대명사를 이용한 연결방법

- 선행사(Antecedent)가 될 명사를 파악한다.
- 선행사가 가리키는 인칭대명사의 격을 파악한다.
- 격에 따라 인칭대명사를 적절한 관계대명사로 바꾼다.

- 관계대명사가 이끄는 문장은 선행사 바로 뒤에 연결한다.

  Ex) I know a boy. + He likes baseball.

  → I know a boy who likes baseball.

> a boy는 선행사, who는 관계대명사이며, who가 이끄는 절이 a boy를 수식한다. 관계대명사절은 앞의 선행사를 수식하므로 형용사절이다.

① who – 선행사가 사람일 때 사용한다.

▶ 주격 who

I know a girl. She is a student. (나는 소녀를 알고 있다. 그녀는 학생이다.)

→ I know a girl who is a student. (나는 학생인 소녀를 알고 있다.)

▶ 소유격 whose

I like a boy. His mother is a teacher. (나는 소년을 좋아한다. 그의 어머니는 선생님이다.)

→ I like a boy whose mother is a teacher. (나는 어머니가 선생님인 소년을 좋아한다.)

▶ 목적격 whom

He is a man. You can trust him. (그는 사람이다. 너는 그를 믿을 수 있다.)

→ He is a man whom you can trust. (그는 네가 믿을 수 있는 사람이다.)

② which – 선행사가 동물, 사물일 때 사용한다.

▶ 주격 which

This is the letter. It arrived yesterday. (이것은 편지이다. 그것은 어제 도착하였다.)

→ This is the letter which arrived yesterday. (이것은 어제 도착한 편지이다.)

▶ 소유격 whose, of which

This is a book. Its cover is tore. (이것은 책이다. 그것의 커버가 찢어져 있다.)

→ This is a book whose cover is tore. (이것은 커버가 찢어진 책이다.)

Look at the house. Its door is broken. (집을 보아라. 그것의 문이 부서져 있다.)

→ Look at the house of which door is broken. (문이 부서진 집을 보아라.)

▶ 목적격 which

This is a flower. I like it. (이것은 꽃이다. 나는 그것을 좋아한다.)

→ This is a flower which I like. (이것은 내가 좋아하는 꽃이다.)

Exercise 제 19장 | 관계 대명사(Relative Pronoun)

A. 관계 대명사를 이용하여 다음 두 문장을 연결하시오.

1. Look at the boy. He is playing baseball.

   → _____

2. This is the watch. You are looking for it.

   → _____

3. She has a girl. Her name is Mary.

   → _____

4. The soup opera was not interesting. I watched it yesterday.

   → _____

5. San Francisco is a city. Its beauty is known to everybody.

   → _____

B. 다음 (   ) 안에서 올바른 것을 고르시오.

1. This is a tree (which, who, whom) is two hundred years old.

2. I know a boy (which, who, whose) father is a doctor.

Exercise 제 19장 | 관계 대명사(Relative Pronoun)

3. This is the bird (which, who, whom) he gave me.

4. I know the girl (who, whose, whom) is drawing the pictures.

5. The guests (who, whose, whom) I invited will come soon.

C. 다음 빈칸에 올바른 관계 대명사를 쓰시오.

1. This is a gentleman _____ purse has been stolen.

2. This is Tom _____ father you met the other day.

3. She has three daughters, none of _____ are not married yet.

4. He has lost the watch _____ I bought for him last week.

5. The book the cover _____ is green was written by a poet.

● 연습문제 ●

D. 다음 두 문장을 관계대명사를 써서 한 문장으로 연결하시오.

1. I know the boy.
   The boy is a student.

   → _____

2. This is a rose.
   I like it.

   → _____

3. She has lost a watch.
   I bought it for her yesterday.

   → _____

4. I love a beautiful girl.
   Her mother is a professor.

   → _____

5. What is the house?
   We see its roof vaguely.

   → _____

관계대명사 II (Relative Pronoun)

01 관계대명사 that

1) 관계대명사 주격(who, which), 목적격(whom, which) 대신 사용 가능

　① I know a girl that (= who) is a student. (나는 학생인 소녀를 알고 있다.)

　② He is a man that (= whom) you can trust. (그는 네가 믿을 수 있는 사람이다.)

　③ This is the letter that (= which) arrived yesterday. (이것이 어제 도착한 편지다.)

　④ This is a flower that (= which) I like. (이것이 내가 좋아하는 꽃이다.)

2) 선행사가 '사람 + 동물', '사람 + 사물'일 때 사용

　Look at the boy and his dog that are walking along the road. (길가를 걷고 있는 소년과 개를 보아라.)

3) 선행사에 최상급, 서수, all, every, any, no, the only, the same 등이 있을 때

　① This is the best movie that I have ever seen. (이것은 지금까지 내가 본 것 중 가장 좋은 영화다.)

　② He is the first boy that came here. (그는 여기에 온 첫 번째 소년이다.)

③ This is **all** that she has. (이것이 그녀가 가지고 있는 모든 것이다.)

④ She is **the only** girl that can dance with him. (그녀는 그와 함께 춤출 수 있는 유일한 소녀다.)

4) 의문사(who, which, what)가 있는 의문문에서

▶ **Who** is the man that is seen over there? (저기에 보이는 그 사람은 누구입니까?)

02 관계대명사 what

관계대명사 what은 **선행사를 포함**하기 때문에 바로 앞에 선행사가 없는 것이 특징이다. 선행사를 수식하지 않으므로 다른 관계대명사처럼 형용사절이 될 수 없으며, 명사절로서 주어, 목적어, 보어가 될 수 있다. '~하는 것'으로 해석한다.

1) the thing which(that) ~ 의미를 나타낸다

This is **the thing**. + I like **the thing** very much.
→ This is **the thing which (that)** I like very much. (이것은 내가 매우 좋아하는 것이다.)
→ This is **what** I like very much. (이것은 내가 매우 좋아하는 것이다.)

2) 명사절의 주어로 사용한다

What he says is true. (그가 말하는 것은 사실이다.)

What attracted me was her purity. (나를 매혹하게 한 것은 그녀의 순수함이었다.)

3) 명사절의 보어로 사용한다

① This book is what I wanted to have. (이 책은 내가 갖고 싶었던 것이다.)

② She is not what she was. (그녀는 과거의 그녀가 아니다.) → what she was는 사람의 상태, 인격을 나타낸다.

③ This is what he calls elegance. (이것이 소위 그가 말하는 우아함이라는 것이다.) → 'what he calls' 또는 'what is called'는 우리말의 '소위, 이른바' 의미를 나타낸다.

4) 명사절의 목적어로 사용한다

I always pursue what's new. (나는 항상 새로운 것을 추구한다.)

5) 관용표현

① He is handsome, what is better (more), he is smart. (그는 잘생겼고, 더욱더 좋은 것은 영리하다는 것이다.) → what is better(more)는 '게다가, 더욱이' 의미

② He broke his right leg, what is worse, he lost left leg. (그는 오른발이 부러졌는데 설상가상으로 왼발을 잃었다.) → what is worse(=to make matters worse)는 '설상가상으로' 의미

③ What with overwork and (what with) a lot of stress he broke down. (과로에다 많은 스트레스 때문에 그는 쓰러졌다.) → 'What with ~ and (what with)'는 (보통 좋지 않은 일의 원인 열거) '~다 ~다 하여' 의미

④ Reading is to mind what food is to body. (독서와 정신에 대한 관계는 음식과 신체에 대한 관계와 같다.) → 'A~ to B what C~ to D'는 'A와 B의 관계는 C와 D의 관계와 같다' 의미

03 유사 관계 대명사

which, that 등과 같이 관계대명사는 아니면서 문장 속에서 관계대명사와 유사한 역할을 하는 관계대명사를 말한다. 실제로 접속사이면서 문장 속에서 격변화를 한다.

1) as (such ~ as, the same ~ as, as ~ as)

① Watch such TV programs as will help students. (학생들에게 도움이 될만한 TV 프로그램들을 봐라.) → 주어

② That is the same bike as I lost a week ago. (그것은 내가 1주일 전에 잃어 버린 자전거와 같은 자전거이다.) → 목적어

2) but : '~하지 않은'으로 해석한다

There was no one but admired his courage. (그의 용기를 감탄하지 않은 사람이 없었다.) → 주어
(= There was no one who didn't admire his courage.)

3) than : '~한 것보다'로 해석한다

Don't carry more money than you need. (필요이상의 돈을 가지고 다니지 말아라.) → 목적어

04 관계 대명사의 두 가지 용법

1) 제한적 용법 : 관계대명사 앞에 comma(,)가 없다. 관계사절이 선행사를 꾸며준다. 관계사절은 선행사가 어떤 종류의 사람 또는 사물을 의미하는가를 말해주며 보통 선행사를 수식하면서 해석을 한다.

① We stayed at the hotel that John recommended to us. (우리는 존이 우리에게 추천한 호텔에서 머물렀다.)

② The woman who lives next door is a doctor. (옆집에 사는 여자는 의사다.)

2) 계속적 용법 : 관계대명사 앞에 comma(,)가 있다. 관계사절은 선행사에 대해 부가적인 설명을 덧붙이는 것이지 선행사가 어떤 종류의 사람 또는 사물을 의미하는가에 대해 말해 주지는 않으며 보통 순서대로 직접 해석을 한다.

① We stayed at the Grand hotel, which Ann recommended to us. (우리는 그랜드 호텔에서 머물렀고 앤이 그 호텔을 우리에게 추천하였다.)

② My brother Jim, who lives in London, is a doctor. (나의 형인 짐은 런던에 살고 있는데 의사이다.)

05 관계 대명사 that을 쓸 수 없는 경우

1) 계속적 용법 : 선행사가 사람이면 who, 사물이면 which만 쓰고 that은 쓰지 않는다.

① Do you know anyone who(that) speaks French and Italian?
(당신은 불어와 이태리어를 말하는 누군가를 알고 있어요?)

② John, who speaks French and Italian, works as a tourist guide. (불어와 이태리어를 말하는 존은 여행가이드로 일한다.) → 계속적 용법에서 that은 사용 안 됨.

③ Jane works for a company which(that) makes washing machines. (제인은 세탁기를 만드는 회사에서 일한다.)

④ Tom told me about his new job, which he's enjoying very much. (톰은 나에게 그의 새로운 일을 말했고 그는 그것을 매우 즐기고 있다.) → 계속적 용법에서 that은 사용 안 됨.

2) that은 전치사의 목적격으로 쓸 수 없다

This is the house in which I live. (이것은 내가 살고 있는 집이다.) (O)
This is the house in that I live. (X)

3) that은 관계대명사 what을 대신하여 쓸 수 없다

This is what I wanted to see. (이것은 내가 보고 싶었던 것이다.) (O)
This is that I wanted to see. (X)

06 관계대명사의 생략

계속적 용법의 관계대명사는 연결관계를 명확히 나타내야 하기 때문에 생략할 수 없지만 한정용법의 관계대명사는 다음의 경우 생략할 수 있다.

1) **목적격으로 쓰일 때** : 관계대명사는 생략할 수 있다.

    ▶ This is the ball (which) I lost yesterday. (이것은 내가 어제 잃어버린 공이다.)

TIP PLUS

관계대명사가 전치사의 목적어가 될 때 그 관계대명사를 생략하면 전치사는 선행사를 수식하는 형용사절 바로 뒤에 놓아야 한다.
① Baseball is the sport of which I am fond. → Baseball is the sport I am fond of. (야구는 내가 좋아하는 스포츠이다.)
② This is the story in which I am very interested. → This is the story I am very interested in.(이것은 내가 매우 관심 있는 이야기이다.)

2) **'주격관계대명사 + be동사'** : 생략할 수 있다.

    ▶ The computer (which is) on the desk is out of order. (책상 위에 있는 컴퓨터는 고장 나 있다.)

3) **There is (was) ~ 또는 It is(was)문장** : 주어를 수식하는 관계대명사는 생략할 수 있다.

▶ There are some people in the street (who) want to see the traffic accident. (길에서 그 교통사고를 보고 싶어하는 사람들이 있다.)

4) 관계대명사 that이 be동사의 보어로 쓰일 때 : 생략할 수 있다.

▶ He is not the man (that) he used to be. (그는 과거의 그가 아니다.)

07 관계형용사

1) 관계대명사 which가 뒤에 나올 때 : 명사를 수식하는 형용사 역할을 하며 앞 문장과 연결시킨다.

▶ She sent me a letter in Chinese, which language I didn't understand. (그녀는 나에게 중국어로 편지를 보냈는데 나는 그 언어를 이해할 수 없었다.)

2) what이 그 다음에 나오는 명사를 수식할 경우 : what은 '어떠한 ~도 모두'의 의미를 가지며 '약소하지만 모두'의 의미가 함축되어 있다.

▶ I read what books I have. (나는 가지고 있는 책을 모두 읽었다.)

▶ I gave her what little money I had. (나는 그녀에게 적지만 내가 갖고 있는 돈을 모두 주었다.)

08 복합관계대명사

복합관계대명사는 관계대명사 + ever의 형태를 취하는 대명사로 whoever, whatever, whichever등이 있다. whoever는 격변화하여 whosever, whomever로 쓰일 수 있고 whatever와 whichever는 그 뒤에 명사가 올 수 있으며 이 경우에 복합관계형용사의 역할을 한다. 복합관계대명사는 그 자체에 선행사를 포함하고 있어 명사절이나 양보를 나타내는 부사절이 된다.

1) **whoever** : 명사절과 양보의 부사절을 이끌며 'anyone who(~하는 사람은 누구나)' 또는 '누가 ~하더라도' 의 의미를 나타낸다. Whoever는 격변화하여 whosever, whomever로 쓰일 수 있다.

   ① Whoever comes is welcome. (오는 사람은 누구나 환영한다.) → 명사절(주격)

   ② Whosever(whoever's) it was, it is mine now. (그것이 원래 누구의 것이었든 지금은 내 것이다.) → 부사절(소유격)

   ③ Ask whomever you meet. (네가 만나는 사람은 누구에게나 물어봐라.) → 명사절(목적격)

   ④ Whoever comes here, I won't meet him. (누가 여기에 오더라도 나는 그를 만나지 않을 것이다.) → 부사절(주격)

2) **whatever** : 명사절과 부사절을 이끌며 'no matter what(~하는 것은 무엇이든지)', '~하는 만큼' 또는 '무엇이 ~ 할지라도'의 의미를 나타낸다.

① Do whatever you like. (네가 좋아하는 것은 무엇이든지 해라.) → 명사절(목적격)

② Take whatever you like of these apples. (이 사과 중에서 네가 좋아하는 만큼 가져가라.) → 명사절(목적격)

③ Whatever happens, I will do it. (무슨 일이 일어나도 나는 그것을 하겠다.) → 부사절(주격)

3) whichever : 명사절과 부사절을 이끌며 'any one that(~은 어느 것이든지)' 또는 '어느 것을 ~하든'의 의미를 나타낸다.

① Buy whichever you like. (네가 좋아하는 것은 어느 것이든지 사라.) → 명사절(목적격)

② Whichever you (may) choose, you won't be satisfied. (어느 것을 선택하든 만족하지 않을 것이다.) → 부사절(목적격)

Exercise 제20장 | 관계 대명사 II (Relative Pronoun)

A. 다음 (　) 안에서 올바른 관계대명사를 모두 고르시오.

1. This is the best movie (which, that, whom) I have ever seen.

2. She is the only girl (whom, which, that) I met yesterday.

3. Is this (what, that, which) you want to see?

4. I met Mr. Brown, (who, that) is our new teacher.

5. She is the prettiest girl (who, whom, that) I have ever seen.

6. (Who, That, What) she said made me angry.

7. Mary told me about his new job, (which, that) she likes very much.

8. This book is (that, what) I wanted to have.

9. Tom, (that, who) speaks Japanese well, works in Japan.

10. There was no one (who, but) praised his bravery.

● 연습문제 ●

B. 다음 글의 공란에 적절한 단어를 넣으시오.

1. He is the only son (   ) she has.

2. (   ) goes there is welcome.

3. (   ) you need is more experience.

4. Who (   ) has common sense can do such a thing?

5. Do (   ) you like.

6. Don't carry more money (   ) is necessary.

7. I cannot understand (   ) you mean.

8. (   ) you may select, you won't be satisfied.

9. I bought a map, (   ) helped me a lot during a trip.

10. This is (   ) she wants to know.

11. There is no one (   ) hates him.

12. Take (   ) you like of these bananas.

13. Take (   ) parcels you can carry.

14. As much money (   ) is necessary must be collected.

15. Talk to (   ) you meet.

관계부사(Relative Adverb)

관계부사는 문장 내에서 2개의 문장을 연결하면서 '접속사 + 부사'의 역할을 하는 것으로 선행사를 수식하는 형용사절을 이끄는 면에서 관계대명사와 동일하며 주절과 종속절을 연결해 주는 접속사의 역할도 한다. 관계부사에는 when, where, why, how 등의 4개가 있다.

01 관계부사의 종류

관계부사	전치사 + 관계대명사	선행사
when	in(on, at) which 또는 that	time, day 등 '때'를 나타내는 어구
where	in(on, at) which 또는 that	place 등 '장소'를 나타내는 어구
why	for which 또는 that	reason 등 '이유'를 나타내는 어구
how	in which 또는 that	way 등 '방법'을 나타내는 어구

02 관계부사의 제한적 용법

① 선행사를 수식하는 형용사절을 이끌고 때로는 선행사를 생략할 수 있다. 그러나, 문두에 선행사가 올 때에는 선행사를 명확히 하기 위하여 생략하지 않는다.

② 관계부사는 접속사 + 부사의 역할을 하므로 그 다음에 주어 + 동사의 어순이 된다.

③ that은 모든 관계부사를 대신할 수 있고 형용사절을 이끈다.

④ 제한적 용법의 예

when

▶ I know exactly the time when it took place. (나는 그것이 일어났던 시간을 정확히 알고 있다.)

▶ Now is the time when we have to make a decision. (지금이 우리가 결단을 내려야 할 시간이다.)

▶ There are times when everybody needs to be alone. (누구나 혼자 있을 필요가 있는 때가 있다.)

where

▶ This is the house where I was born. (이곳이 내가 태어난 집이다.)

▶ I remember the place where the traffic accident happened. (나는 교통사고가 일어난 장소를 기억하고 있다.)

▶ I don't know the place where I put my suitcase. (나는 가방을 놓은 장소를 모른다.)

why

▶ The reason why he did it is simple. (그가 그것을 한 이유는 단순하다.)

▶ I don't see any reason why we should stay here. (나는 우리가 여기에 머물러야 하는 이유를 모르겠다.)

how : 현대영어에서는 the way how를 쓰지 않고 the way나 how중 하나를 쓴다.

▶ This is how it happened. (이것이 그것이 일어난 방법이다. 즉, 이렇게해서 그것이 일어났다.)

▶ This is how I memorized a lot of English words. (이것이 내가 많은 영어단어를 외운 방법이다.)

03 관계부사의 계속적 용법

① when과 where는 관계대명사와 같이 계속적 용법으로 쓰인다.

② 관계부사 앞에 항상 콤마(,)를 찍고 주절부터 관계부사절까지 이어서 해석한다.

③ 계속적 용법에서는 관계대명사와 같이 that을 쓸 수 없고 생략할 수도 없다.

④ 계속적 용법의 예

when : '(…하는데) 그 때에(and then)'의 의미를 나타낸다.

▶ Wait till 9 o'clock, when she will be back. (9시까지 기다려라. 그 때에 그녀가 돌아올 것이다.)

▶ His father died of cancer in 1980, when he was only 10. (그의 아버지는 1980년에 암으로 돌아가셨는데 그 때 그는 10살에 불과했다.)

where : '그리고 거기에(서)(and there)'의 의미를 나타낸다.

▶ We came to the town, where we had lunch. (우리는 그 도시에 도착해 거기서 점심을 먹었다.)

▶ I went to Germany, where I stayed for two days. (나는 독일에 가 거기서 2일 동안 머물렀다.)

04 관계부사의 선행사 생략

관계부사의 선행사는 관계부사에 그 뜻이 포함되어 있는 경우 생략할 수 있다.

① This is where I used to play. (이곳이 내가 놀던 곳이다.) → 명사절

② This is why I refuse to go. (이것이 내가 가기를 거절하는 이유이다.) → 명사절

③ Do it how you like. (그것을 네가 좋아하는 대로 해라.) → 부사절

05 관계부사 that

that은 모든 관계부사를 대체할 수 있다.

① The day that we went to the baseball ground was very cold.
(우리가 야구장에 갔던 날은 매우 추웠다.) → when의 대체

② The city that I was born is Seoul. (내가 태어난 도시는 서울이다.) → where의 대체

③ The reason that she didn't go to school is complicated. (그녀가 학교에 가지 않은 이유는 복잡하다.) → why의 대체

④ Do it the way that I do. (내가 하는 방법으로 그것을 해라.) → how의 대체

06 복합관계부사

복합관계대명사가 명사절과 부사절을 이끄는 반면, 복합관계부사는 항상 부사절로만 쓰이고 주절의 동사를 수식한다. 복합관계부사에는 whenever, wherever, however가 있다.

1) **whenever** : at any time that(at whatever time)(~할 때는 언제나, ~할 때마다) 또는 no matter when(언제 ~하든지)의 의미를 나타낸다.

   ① Whenever she goes out, she takes her dog with her. (그녀는 나갈 때마다 개를 데리고 간다.)

   ② Whenever you (may) visit her, you will find her working. (언제 당신이 그녀를 방문할지라도 그녀는 일하고 있을 것이다.)

2) **wherever** : at any place that (~하는 곳은 어디라도) 또는 no matter where(어디에서 ~하든)의 의미를 나타낸다.

① I will follow you wherever you go. (네가 가는 곳은 어디라도 따라가겠다.)

② Wherever he (may) be, he thinks of you. (그가 어디에 있든 그는 너를 생각한다.)

3) **however** : no matter how(아무리 ~해도)의 양보의 의미를 나타낸다.

① However hard I work, my mother is not satisfied. (내가 아무리 열심히 공부해도 어머니는 만족하지 않는다.)

② However humble it (may) be, there is no place like home. (아무리 누추하더라도 집만한 곳이 없다.)

Exercise 제 21장 | 관계부사(Relative Adverb)

A. 다음 문장에서 빈칸에 적당한 단어를 써 넣으시오.

1. There are times (　　　　) everybody needs to be alone.

2. I don't know (　　　　) she didn't come here.

3. This is the house (　　　　) she was born.

4. That is (　　　　) he solved the problem.

5. (　　　　) he goes out, he stops by the shopping center.

6. Stay till tomorrow, (　　　　) she will be back.

7. You have to do it the way (　　　　) I do.

8. I will follow you (　　　　) you live.

9. The city is far away from (　　　　) we live.

10. Now is (　　　　) I need him desperately.

11. I left for Los Angeles, (　　　　) I stayed for a week.

● 연습문제 ●

B. 다음 문장 중 괄호 안에서 알맞은 것을 고르시오.

1. This is (that, how) he got over the difficulty.

2. October, (that, when) the leaves turn red, is my favorite month.

3. The day (that, which) we arrived in Seoul was cold.

4. The detective followed him (where, wherever) he went.

5. (What, Where) there is a will, there is a way.

6. (How, However) tired you may be, you must finish it soon.

7. I went to Rome, (where, which) I traveled here and there.

8. You may call me (wherever, whenever) you want to.

9. (What, Whatever) happens, I will marry her.

10. (How, However) much it costs, I am determined to buy it.

Exercise 제 21장 | 관계부사(Relative Adverb)

C. 다음 문장에서 틀린 것을 바르게 고치시오.

1. This is the house wherever I was born.
   → _____

2. We have to finish the work, how long it takes.
   → _____

3. This is that we used to play.
   → _____

4. Where you go, I will follow you.
   → _____

5. However he says will be accepted.
   → _____

6. She was just going to sing, where I cut in.
   → _____

7. How beautiful she may be, I don't like her.
   → _____

8. I can't remember the place which I lost my baggage.
   → _____

●연습문제●

9. This is why I memorized lots of English words.

   → _____

10. How humble it may be, there is no place like home.

    → _____

D. 다음 문장을 관계부사를 사용하여 연결하시오.

1. She went to Berlin. She stayed there for three days.

   → _____

2. Could you tell me the time? The traffic accident occurred then.

   → _____

3. Why is she absent? What's the reason?

   → _____

4. This is the place. I used to live there 10 years ago.

   → _____

5. He left school. The reason remains a mystery. The reason why he left remains a mystery.

   → _____

태(Voice)

> 태는 능동태와 수동태로 나누어진다. 문장에서 주어가 동작의 주체가 될 때 능동태(Active Voice)라 하고 주어가 동작의 대상이 될 때 수동태(Passive Voice)라 한다. 태란 문장 내에 주어와 동사의 관계에서 나타나는 동사의 변화를 말한다.

01 태의 전환

능동태를 수동태로, 수동태를 능동태로 전환하는 것을 말하며 다음과 같이 능동태에서 수동태로 전환한다.

1) 태의 전환방법

① 능동태의 목적어는 수동태의 주어가 된다.

② 수동태는 'be동사 + 과거분사'의 형태가 되어야 하며 be동사는 주어의 인칭, 수, 시제와 일치해야 한다.

③ 능동태의 주어는 수동태에서 일반적으로 'by + 목적격'이 되어야 한다.

2) 3형식의 수동태

① I study English. (나는 영어를 공부한다.)

→ English is studied by me.

② The arsonist fired the building. (방화범이 건물에 불을 놓았다.)

→ The building was fired by the arsonist.

2) **4형식의 수동태** : 원칙적으로 목적어가 2개 있기 때문에 2개의 수동태가 가능하지만 같은 수동태라도 동사에 따라 1개의 수동태만 가능한 경우도 있고 전치사가 나올 수도 있으며 생략되기도 한다.

① He teaches us English. (그는 우리들에게 영어를 가르친다.)
　→ We are taught English by him.
　→ English is taught to us by him.

② She gave me a gift. (그녀는 나에게 선물을 주었다.)
　→ I was given a gift by her.
　→ A gift was given (to) me by her.

TIP PLUS

make, send, sing, pass, write 등의 동사가 들어가는 4형식은 1개의 수동태를 갖는다.
She made me a new clothes. (그녀는 나에게 새로운 옷을 만들어 주었다.)
→ I was made a new clothes. (X)
→ A new clothes was made for me by her. (O)

3) **5형식의 수동태** : 목적어를 주어로 하고 목적격 보어는 동사 뒤에 그대로 쓰기만 하면 된다. 그러나, 지각동사나 사역동사의 경우 능동태에서 생략된 to는 수동태로 바꾸면 다시 to가 나온다는 것에 주의하여야 한다. 5형식의 능동태가 수동태로 바뀌면 2형식의 문장이 된다.

① They elected him president of the company. (그들은 그를 회사의 사장으로 선출하였다.)
　→ He was elected president of the company by them.

② I saw her talk to a foreigner in the office. (나는 그녀가 사무실에서 외국인과 얘기하는 것을 보았다.) → She was seen to talk to a foreigner in the office (by me).

4) **명령문의 수동태** : 사역동사 let을 문두에 두고 부정사의 to를 생략한 다음 수동태로 만들지만 실제 구어체에서 거의 사용되지 않는다.

① Bring it now. (그것을 지금 가져와라.)
 → Let it be brought now.
② Don't close the window. (창문을 닫지 마라.)
 → Let the window not be closed. (O)
 → Don't let the window be closed. (O)

5) **조동사가 있을 때의 수동태** : 능동태에서와 같이 조동사를 그대로 사용해야 한다.

① I cannot buy the bike for the time being. (나는 당분간 자전거를 살 수 없다.)
 → The bike cannot be bought for the time being by me.
② She will write a letter to him soon. (그녀가 곧 그에게 편지를 쓸 것이다.)
 → A letter will be written to him soon by her.

02 수동태의 시제

시제에는 12시제가 있지만 수동태에서는 완료진행형을 쓰지 않기 때문에 모두 9개의 시제가 있다.

구분	현재	과거	미래
단순형	It is worked.	It was worked.	It will be worked.
진행형	It is being worked.	It was being worked.	It will be being worked.
완료형	It has been worked.	It had been worked.	It will have been worked.

이중에서 미래진행시제의 수동태는 거의 사용되지 않고 대신 능동태를 사용한다.

1) 단순형 수동태

① 현재

    She likes the apple. (그녀는 사과를 좋아한다.)

    → The apple is liked by her.

② 과거

    I wrote the letter. (나는 편지를 썼다.)

    → The letter was written by me.

③ 미래

    He will see his mother tomorrow. (그는 내일 어머니를 볼 것이다.)

    → His mother will be seen tomorrow by him.

2) 진행형 수동태 : 능동태의 진행형과 같이 수동태도 진행형이어야 한다.

① 현재

He is studying English. (그는 영어를 공부하고 있는 중이다.)

→ English is being studied by him.

② 과거

She was watching television yesterday. (그녀는 어제 텔레비전을 보고 있었다.)

→ Television was being watched yesterday by her.

3) 완료형 수동태 : 능동태의 완료형과 같이 수동태도 완료형이어야 한다.

① 현재

They have given her many gifts. (사람들은 그녀에게 많은 선물을 주었다.)

→ She has been given many gifts.

② 과거

We had spent lots of time in looking for him. (우리는 그를 찾는 데 많은 시간을 소비했었다.)

→ Lots of time had been spent in looking for him.

③ 미래

He will have finished his work by 10:00 a.m. tomorrow.
(그는 내일 오전 10시까지 일을 끝마쳐 있을 것이다.)

→ His work will have been finished by 10:00 a.m. tomorrow by him.

03 수동태의 여러 가지 형태

1) **동사구(동사 + 명사/부사 + 전치사) 또는 '자동사 + 전치사=타동사'가 수동태로 쓰일 때** : 하나의 단위(동사군)로 취급되어 그대로 쓴다.

　① He laughed at his classmate. (그는 반 친구를 비웃었다.)
　　→ His classmate was laughed at by him.

　② She took care of the baby. (그녀는 그 아이를 돌보았다.)
　　→ The baby was taken care of by her.

2) **의문문의 수동태** : 의문사의 격변화로 문두에 두는 것이 원칙이지만 미국영어에서 격변화 없이 그대로 쓰인다.

　① Who broke the window? (누가 창문을 깼니?)
　　→ By whom was the window broken?
　　→ Who was the window broken by?

　　> by를 문미에 둘 때 의문사는 격변화 없이 문두에 사용된다.

　② What did you do? (너 무엇을 했니?)
　　→ What was done by you?

3) **주어가 막연히 일반인을 나타낼 때** : 생략한다.

　① They speak English in USA. (미국에서 영어를 사용한다.)
　　→ English is spoken in USA (by them).

　② They say that Albert Einstein is a genius. (앨벗 아인쉬타인은 천재라고 말한다.)
　→ It is said that Albert Einstein is a genius (by them).

4) **목적어가 길게 구 또는 절의 형태로 나타날 때** : 가주어 It을 사용하거나 to부정사를 사용하여 수동태로 바꾸기도 한다.

① They say that he is heavily injured. (그가 중상을 입었다고 한다.)
 → It is said that he is heavily injured.
 → He is said to be heavily injured.

② They agreed to take him to the hospital. (그를 병원에 데려가는 데 동의하였다.)
 → It was agreed to take him to the hospital.

5) **부정형 대명사가 주어로 사용되는 능동태를 수동태로 전환할 때** : 'by + 부정대명사'로 나타내지 않고 'not ~ by any?'의 형태로 변화시킨다.

① Nobody believed it. (아무도 그것을 믿지 않았다.)
 → It was not believed by anybody.

② Nothing made her happy. (아무것도 그녀를 행복하게 하지 못했다.)
 → She was not made happy by anything.

6) **수동태에서 by이외의 다른 전치사가 사용되는 경우** : 보통 수동태의 형태를 취하면서 숙어로 익숙해진 표현들이다.

① She is known to everybody. (그녀는 모든 사람에게 알려져 있다.)

② I was surprised at the news that he committed suicide. (나는 그가 자살했다는 소식에 놀랐다.)

③ The mountains are covered with snow. (산들이 눈으로 덮여있다.)

④ He is interested in trade business. (그는 무역업에 관심이 있다.)

⑤ We were satisfied with the result. (우리는 그 결과에 만족했다.)

⑥ She is pleased with my gift. (그녀는 나의 선물에 기뻐하고 있다.)

⑦ I am inclined to go to bed early. (나는 일찍 잠드는 경향이 있다.)

TIP PLUS

수동태에서 by가 생략되고 다른 전치사와 함께 쓰이는 관용어

be ashamed of ~을 부끄러워 하다
be astonished at ~에 깜짝 놀라다
be caught in ~를 만나다
be concerned with ~에 관여하고 있다, ~에 관심이 있다
be disappointed with ~에 실망하다
be devoted to ~에 몰두하다, ~에 헌신하다
be excited at ~에 흥분하다
be filled with ~으로 가득차다
be frightened at ~을 보고 놀라다
be frustrated in ~에 실망하다, ~에 좌절하다
be married to ~와 결혼하다
be shocked at ~에 충격을 받다
be troubled with ~으로 고통받다
be worried about ~에 대해 걱정하다

7) 수동태로 쓸 수 없는 동사

① 상태동사 : have, become, resemble 등 상태를 나타내는 동사는 수동태로 쓸 수 없다.

  I resemble my father. (나는 아버지를 닮았다.)

  → My father is resembled by me.(X)

② 재귀동사 : 재귀대명사는 주어로 쓰일 수 없기 때문에 재귀대명사와 함께 수동태로 쓸 수 없다.

She prides herself on her cooking skill. (그녀는 요리솜씨를 자랑한다.)
→ Herself is prided on her cooking skill.(X)

8) **자동사의 수동태** : 수동태는 타동사만 사용된 경우에 이루어지는 것이 원칙이지만 극히 일부 자동사에서 수동태로 쓰이는 경우가 있다. 이때는 과거분사가 형용사화한 것으로 의미에 있어서 다소 차이가 있다.

① The bike I bought yesterday is gone. (어제 산 자전거가 없어졌다.)

② He is gone. (그가 없어졌다. 또는 그는 죽고 없다.)

③ Spring is gone. (봄은 지나갔다.)

9) **수동태의 의미가 있는 동사** : 주어가 무생물인 경우 수동태의 형태를 취하지 않으면서 수동의 의미를 갖는 동사로 sell, handle, cut, wear 등이 있다.

① Those watches sell well. (저 시계들이 잘 팔립니다.)

② This car handles easily. (이 차는 운전하기가 편하다.)

③ This knife cuts well. (이 칼은 잘 든다.)

④ These shoes wear long. (이 구두들은 오래간다.)

10) **의미상 수동의 의미를 갖는 능동태**

① She got acquainted with him. (그녀는 그와 친해졌다.)

② These books are printing. (이 책들은 인쇄 중입니다.)

③ I had my purse stolen. (나는 지갑을 도난 당했다.)

> 'have(또는 get) + 목적어 + 과거분사'는 '~를 당하다, ~를 시키다'의 의미를 나타낸다.

Exercise

제 22장 | 태(Voice)

A. 다음 문장에서 빈칸에 알맞은 단어를 채우시오.

1. She is satisfied (   ) the result.

2. I was pleased (   ) your success.

3. He is well known (   ) everybody.

4. The student was seen (   ) enter the room.

5. She was married (   ) a politician last year.

6. They are disappointed (   ) her.

7. He was laughed (   ) by his friends.

8. He is astonished (   ) the news that he died.

9. Jane is interested (   ) the clothes business.

10. The high mountains are covered (   ) snow.

B. 다음 문장에서 틀린 부분을 고치시오.

1. He is known by the people with his remarkable play.

   → _____

2. These cars are sold well.

   → _____

●연습문제●

3. My mother is interesting in TV.

   →_____

4. By whom was the door breaking?

   →_____

5. It was not believed by nobody.

   →_____

6. The game was very excited.

   →_____

7. He said to be seriously injured.

   →_____

8. She was seeing to go upstairs.

   →_____

9. I was born in Busan, but I was grown up in Seoul.

   →_____

10. Please have my baggage carry to the station.

    →_____

법(Mood)

> 법이란 의사를 전달하는 과정에서 문장내 동사의 동작과 상태를 표현하는 방법으로 보통 직설법, 명령법, 가정법으로 구분한다. 직설법이라 하면 사실을 있는 그대로 말할 때 쓰는 표현을 말하고 명령법이란 상대방, 또는 제3자에게 명령이나 요구할 때 쓰는 표현방법이며 가정법은 현재, 미래 및 과거에 대한 가정, 상상, 소망을 나타낼 때 쓰는 표현방법이다.

01 직설법, 명령법, 가정법

1) 직설법

If you clean the house, I will buy you a watch. (네가 집을 청소하면 나는 너에게 시계를 사주겠다.) → 청소를 한다면 시계를 사주겠다는 조건을 나타내는 단순한 직설법

2) 가정법

If I knew his telephone number, I could call him now. (내가 그의 전화번호를 알았다면, 나는 그에게 지금 전화할 수 있을 텐데.) → 현재 전화번호를 모르기 때문에 전화할 수 없음을 나타내는 가정법

3) 명령법

① Do it now. (지금 그것을 하라.) → 상대방에게 요구하는 명령법

② Don't let him do it. (그가 그것을 하지 못하게 하라.) → 제3자의 행동을 못하게 요구하는 명령법

③ Clean your room, and I will take you to a movie. (방을 청소해라, 그러면 영화관에 데리고 가겠다.)
= If you clean your room, I will take you to a movie. → 명령법을 직설법으로 표현할 수 있다.

02 가정법의 종류

1) 가정법 현재

> If 주어 + 동사원형 ~, 주어 + 동사미래시제 또는 동사현재시제 ~. 만일 ~하면 ~하다.

오늘날 구어체에서 가정법 현재와 직설법 조건문을 혼용해서 쓰고 있다.

① 현재 또는 미래에 대한 단순한 가정, 상상, 소망을 나타낼 때 사용한다.
If it be(is) fine tomorrow, I will take a trip to Busan. (내일 날씨가 좋으면 부산으로 여행갈 것이다.) → 내일 날씨에 대한 단순한 가정

② 주장, 명령, 요구, 제안, 소망 등의 동사 다음에 올 때
He insisted that his sister take care of his mother. (그는 여동생이 어머니를 돌볼 것을 주장했다.) → insist의 동사가 와서 takes가 아니라 take의 동사원형을 쓰고 있다.

③ 기원을 나타낼 때
May he succeed. (그의 성공을 기원합니다.) God bless you. (당신에게 하느님의 축복이 있기를!)

④ 명령형을 사용한 양보절에서

Try as you may, you cannot finish it in a day. (당신이 아무리 노력할지라도, 그것을 하루에 끝낼 수 없다.) = However hard you may try, you cannot finish it in a day.

2) 가정법 과거

```
                        would
If 주어 + 과거 ~, 주어 + should ~. 만일 ~했다면 ~했을 것이다.
    (were)              could
                        Might
```

be동사의 과거형은 were를 사용해야 한다.

① 현재 사실의 반대를 나타낼 때 사용된다.

▶ If I knew his address, I could send it to him. (내가 그의 주소를 알았더라면, 나는 그것을 그에게 보낼 수 있을 텐데.) → As I don't know his address, I cannot sent it to him.

▶ If I were you, I would buy it. (내가 너였다면, 나는 그것을 샀을 텐데.) → As I am not you, I will not buy it.

② If it were not for = Were it not for(~이 없다면)은 가정법 과거와 함께 쓰인다.

If it were not for your help, I couldn't go there. (당신의 도움이 없다면, 나는 거기에 갈 수 없을 것이다.)

3) 가정법 과거완료

$$\text{If 주어 + 과거완료 ~, 주어 + } \begin{cases} \text{would} \\ \text{should} \\ \text{could} \\ \text{might} \end{cases} \text{~.} \quad \text{만일 ~했었다면 ~했었을 것이다.}$$

① 가정법 과거가 현재 사실의 반대를 나타낸다면 과거완료는 과거사실에 대한 반대를 나타낸다.

If we had made much money, we could have travelled around the world. (우리가 돈을 많이 벌었다면 세계일주를 했었을 것이다.) → As we didn't make much money, we could not travelled around the world.

② If it had not been for = Had it not been for (~이 없었다면) 은 가정법 과거완료와 함께 쓰인다.

If it had not been for your help, I couldn't have done it. (당신의 도움이 없었다면, 나는 그것을 할 수 없었을 것이다.)

4) 가정법 미래

$$\text{If 주어 + should + 동사원형 ~, 주어 + } \begin{cases} \text{would(will)} \\ \text{should(shall)} \\ \text{could(can)} \\ \text{might(may)} \end{cases} \text{~.} \quad \text{만일 ~하면 ~할 것이다.}$$
$$\quad\quad\quad (\text{were to})$$

were to는 실현가능성이 거의 없을 때 쓰인다.

① 미래에 대한 강한 의심을 나타낼 때 쓰는 표현이다.

If it should rain tomorrow, I would(will) not leave for Hong Kong. (내일 비가 온다면 나는 홍콩에 가지 않을 것이다.)

② 조건절에 사용되는 should의 대용으로 실현가능성이 거의 없을 때 were to를 사용한다.

If I were to be a billionaire, I could buy whatever I want.
(내가 억만장자라면 원하는 것은 무엇이든지 살 수 있을 것이다.)

03 가정법의 특수용법

1) **혼합 가정법** : 가정법의 기본 형태에서 벗어나 조건절은 가정법 과거완료의 형태이고 주절은 가정법 과거의 형태로 혼합되어 있는 가정법이다.

① If my father had taken the doctor's advice, he would be healthy now. (아버지가 의사의 충고를 따르셨더라면 지금 건강하셨을 것이다.) → As my father didn't take the doctor's advice, he is not healthy now.

② If he had not died five years ago, he would work in the office now. (그가 5년 전에 죽지 않았다면 지금 사무실에서 일하고 있을 것이다.) → As he died five years ago, he doesn't work in the office now.

2) **If의 생략** : 가정법 과거, 과거완료, 미래에서 If는 생략될 수 있다. 이때 조건절의 주어와 동사는 도치된다.

① If I were in your place, I would go there. (내가 너의 입장이라면 나는 거기에 갔을 것이다.)
   → **Were** I in your place, I would go there.

② If he had studied a little harder, he would have passed the examination. (그가 조금 더 열심히 공부했었더라면, 그는 그 시험에 합격 했었을 것이다.) → **Had he studied** a little harder, he would have passed the examination.

③ If she should come now, she could see the famous movie star. (그녀가 지금 온다면 그 유명한 배우를 볼 수 있을 것이다.) → **Should she** come now, she could see the famous movie star.

④ If it were not for your help, I couldn't see him. (너의 도움이 없다면 나는 그를 볼 수 없을 것이다.)
   → **Were it not for** your help, I couldn't see him.

⑤ If it had not been for your help, I couldn't have succeeded. (너의 도움이 없었다면, 나는 성공할 수 없었을 것이다.) → **Had it not been for** your help, I couldn't have succeeded.

3) I wish의 용법

| I wish + 주어 + | 과거 ~. | ~라면 좋을 텐데. |
| | 과거완료 ~. | ~였다면 좋았을 텐데. |

'I wish ~'의 가정법에서 동사가 과거이면 현재사실의 반대, 동사가 과거완료이면 과거사실의 반대를 나타낸다. I am sorry ~(~이 안타깝다)를 사용하여 가정법을 직설법으로 바꿀 수 있다.

① I wish I were rich. (내가 부자라면 좋을 텐데.) → I am sorry I am not rich.

② I wish you had come a little earlier. (당신이 조금 더 일찍 었으면 좋았을 텐데.) → I am sorry you didn't come a little earlier.

4) as if(though)의 용법

> As if(though) + 주어 + 과거 ~.   마치 ~인 것처럼
> 　　　　　　　　　 과거완료 ~.   마치 ~이었던 것처럼

as if(though)는 가정법 과거 및 과거완료에서 '마치 ~인 것처럼', '마치 ~이었던 것처럼'의 의미로 쓰인다.

① He looks as if he were heavily injured. (그는 부상당한 것처럼 보인다.)

② She speaks English as if she had been in USA for a long time. (그녀는 미국에 오랫동안 살았던 것처럼 영어를 말한다.)

③ He looked as if he were ill. (그는 아픈 것처럼 보였다.)

④ She spoke as if she heard about it. (그녀가 그것에 대해 들은 것처럼 말했다.)

5) It is time + 주어 + 과거형

이것은 '당연히 ~을 하여야 할 시간이다'의 의미로 should 또는 과거형으로 쓰여야 한다. 행위가 현재 실현되지 않은 것으로 가정법 과거로서 취급되며 time앞에 때로 high이나 about이 와서 강조된다.

① It is time you should get up. (네가 일어났어야 할 시간이다.)=It is time you got up.

② It is high time we left. (우리가 떠났어야 할 시간이다.)

③ It is about time we started the work. (우리가 일을 시작했어야 할 시간이다.)

04 가정법 If절의 대용구문

1) But for(=without)가 조건절을 대신하는 경우

① But for your advice, we would face a big trouble. (당신의 충고가 없었다면 우리는 큰 어려움에 직면했을 것이다.) = If it were not for your advice, we would face a big trouble.

② But for your advice, we would have faced a big trouble. (당신의 충고가 없었다면 우리는 큰 어려움에 직면했었을 것이다.) = If it had not been for your advice, we would have faced a big trouble.

2) 주어가 조건절을 대신하는 경우

A wise man would not do such a foolish thing. (현명한 사람이라면 그러한 바보짓을 하지 않았을 것이다.) = If he were a wise man, he would not do such a foolish thing.

3) to부정사가 조건절을 대신하는 경우

To hear him speak English, you would think him as a native American. (그가 영어로 말하는 것을 들으면 당신은 그를 미국인으로 생각할 것이다.) = If you hear him speak English you would think him as a native American.

4) 분사구문이 조건절을 대신하는 경우

Born again, I would be a great golfer like Tiger Woods. (다시 태어난다면, 나는 타이거우즈 같은 훌륭한 골프선수가 될 것이다.) = If I were born again, I would be a great golfer like Tiger Woods.

5) 부사가 조건절을 대신하는 경우

I left immediately, otherwise, I would have missed the airplane. (나는 즉시 출발하였다. 그렇지 않았더라면 나는 비행기를 놓쳤을 것이다.) = If I had not left immediately, I would have missed the airplane.

6) 대용구문이 문장에 없을 경우

I could learn it right away. (나는 마음만 먹으면 그것을 즉시 배울 수 있을 것이다.) → If I intended to learn의 내용이 생략된 것으로 볼 수 있다.

7) 기타 If의 대용어구

① unless 가 'if ~ not (만일 ~가 아니라면)'의 의미이지만 가정법으로는 거의 사용되지 않음.

I will be there unless it rains. (비가 오지 않는 한 나는 거기에 가겠습니다.)

② supposing [suppose] (that) ~ (~ 라고 가정하면)

Supposing (that) it were true, what would happen? (그것이 정말이라면 무엇이 일어날까?)

③ provided [providing] (that) ~ (만일 ~라면)

I will come provided (that) I am well enough. (건강이 괜찮다면 오겠습니다.)

④ granted (that) ~ (만일 ~일지라도)

Granted it is true, you are still in the wrong. (그것이 사실일지라도 너는 여전히 잘못이 있다.)

⑤ in case that ~ (~의 경우에)

Take an umbrella in case that it should rain. (비가 올 경우에 대비해 우산을 가지고 가라.)

⑥ on condition that ~ (만일 ~한다면)

She will join us on condition that you also be there. (만일 당신도 거기에 간다면 그녀는 우리와 함께할 것이다.)

Exercise
제 23장 | 법(Mood)

A. 다음 괄호 안의 동사, 조동사를 바르게 바꾸시오.

1. If I had some money, I (will) travel to USA.

2. It is time we (return) home.

3. If it (be) not for a dictionary, how could I look up?

4. Supposing that it (be) false, what would happen?

5. I proposed that the offer (shall) be accepted.

6. If it (rain), I will have to put off my departure.

7. Had it not been for your advice, I would (fail) in the attempt.

8. Were I you, I (talk) to you about it.

9. As soon as he (arrive), we started working.

10. If I (be) diligent in my youth, I would be happier now.

● 연습문제 ●

B. 다음 괄호 안에서 옳은 것을 고르시오.

1. Study hard, (or, and) you will pass the entrance examination.

2. I wish I (can, could) win the prize.

3. If it (be, were) true, what would you say?

4. If it (were, had been) not for your assistance, I would not pass the examination.

5. (If, Unless) it should rain, I will go out.

6. (Provided, Grated) is true, you are still in the wrong.

7. I left immediately, (or, otherwise), I would have missed the airplane.

8. (But for, unless) your help, I would have faced a difficulty.

9. (To see, Seen) her play tennis, you would take her for a man.

10. It is about time that you (go, went) to bed.

일치와 화법(Agreement and Narration)

일치라 하면 주어와 동사의 수의 일치와 주절의 동사변화에 따른 종속절의 시제를 상황에 맞도록 일치시키는 것을 말한다. 화법이란 다른 사람의 말을 전달할 때 쓰는 표현방법으로 직접화법과 간접화법이 있다.
직접화법은 다른 사람의 말을 그대로 전달하는 표현방법으로 보통 따옴표(" ")를 사용하여 나타낸다. 간접화법은 평서문의 형식으로 간접적으로 표현하는 화법을 말한다.

01 일치

1) 주어와 동사의 일치

① 서로 다른 재료를 혼합한 음식은 하나의 음식으로 간주하여 단수 취급한다.(Toast and jam 등)
  ▶ Bread and butter **is** my staple food. (버터 바른 빵은 나의 주식이다.)

② 일정금액의 화폐는 하나의 단위로 단수 취급한다.
  ▶ Fifty dollars **is** a good price. (50달러는 좋은 가격이다.)

③ every 및 each는 개별적으로 생각하여 단수 취급한다.
  ▶ **Every** man and woman **is** educated to obey the law. (남녀 모두 법을 준수하도록 교육받는다.)
  ▶ **Each** of the students **has** his own computer. (학생들 각자 자신의 컴퓨터를 갖고 있다.)

④ 집합명사는 단수 취급하고 군집명사는 복수 취급한다.

▶ My family is large in comparison with your family. (나의 가족은 너의 가족과 비교하여 대가족이다.) → family는 가족 전체를 나타내는 집합명사

▶ All my family are healthy. (나의 가족들은 모두 건강하다.) → family는 가족 구성원을 나타내는 군집명사

⑤ 'either ~ or', 'neither ~ or'는 or 뒤에 오는 단어와 동사는 일치한다.

▶ Either you or he has to go there. (너든 그든 한 사람이 거기에 가야 한다.)

⑥ 분수는 뒤에 오는 단어와 동사는 일치한다.

▶ Three fourths of the earth's surface is water. (지구표면의 3/4이 물이다.)

⑦ not only ~ but (also)은 뒤의 단어, as well as는 앞의 단어와 동사는 일치한다.

▶ Not only you but (also) he is healthy. (너뿐만 아니라 그도 건강하다.)

▶ He as well as you is healthy. (너뿐만 아니라 그도 건강하다.)

⑧ It ~ that의 강조구문에서 강조되는 대상과 동사는 일치한다.

▶ It was the drought that was the cause of the low harvest. (낮은 수확의 원인은 바로 가뭄이었다.)

2) 시제 일치

① **주절의 동사가 현재 또는 미래일 때** : 종속절의 시제는 과거완료부터 미래까지 모두 가능하다.

주절		종속절
I admit. (나는 인정한다) I will admit. (나는 인정할 것이다)	+	that he works hard. (그가 열심히 일한다는 것을) (현재) that he has worked hard. (그가 열심히 일해왔다는 것을) (현재완료) that he worked hard. (그가 열심히 일했다는 것을) (과거) that he had worked hard. (그가 열심히 일했었다는 것을) (과거완료) that he will work hard. (그가 열심히 일할 것이라는 것을) (미래)

② **주절의 동사가 과거일 때** : 종속절의 시제는 다음과 같이 변한다.

현재 ⇒ 과거　　　현재완료 ⇒ 과거완료
　　　　　　　　과거

종속절에 조동사가 있는 경우에 과거형이 있는 조동사(will, shall, can, may)는 과거형(would, should, could, might)을 쓰지만 과거형이 없는 must, need, ought to, used to, had better 등은 그대로 사용한다.

▶ I know that she is busy. (나는 그녀가 바쁘다는 것을 알고 있다.)

▶ I knew that she was busy. (나는 그녀가 바쁘다는 것을 알았다.)

▶ It seems that he was(has been) ill. (그가 아팠던 것처럼 보인다.)

▶ It seemed that he had been ill. (그가 아팠던 것처럼 보였다.)

▶ She says that she will be there. (그녀는 거기에 갈 거라고 말한다.)

▶ She said that she would be there. (그녀는 거기에 가겠다고 말했다.)

▶ I think that he must be in the wrong. (나는 그가 잘못하고 있음에 틀림없다고 생각한다.)

▶ I thought that he must be in the wrong. (나는 그가 잘못하고 있음에 틀림없다고 생각했다.)

▶ I will endure as much as I can. (나는 가능한 한 많이 참을 것이다.)

▶ I endured as much as I could. (나는 가능한 한 많이 참았다.)

3) 시제의 일치의 예외

주절의 동사가 과거형일지라도 다음의 경우에는 종속절의 동사는 주절의 동사의 시제와 일치시키지 않는다.

① 불변의 진리 또는 격언은 항상 현재형으로 쓴다.

▶ They didn't know that the earth goes around the sun. (그들은 지구가 태양주위를 돈다는 것을 몰랐다.)

▶ We were taught that silence is gold. (우리는 침묵은 금이다라고 배웠다.)

② 습관적인 행동은 주절의 동사 변화와 관계없이 항상 현재형으로 한다.

▶ She said that she always wakes up at six every morning. (그녀는 항상 아침 6시에 일어난다고 말했다.)

③ 역사적인 사실은 주절의 동사변화와 관계없이 항상 과거형을 쓴다.

▶ It is said that Columbus discovered America in 1492. (콜럼버스가 1492년에 미국을 발견했다고 한다.)

④ 가정법에서 주절의 동사변화와 관계없이 종속절의 시제는 변하지 않는다.

- ▶ He says, "If I were you, I would not go there." (그는 "내가 너라면 거기에 가지 않겠다"고 말하고 있다.)
  - → He said that if I were you, I would not go there. (그는 내가 너라면 거기에 가지 않겠다고 말했다.)

⑤ 시간상의 비교구문에서는 종속절의 동사는 주절의 시제에 영향을 받지 않는다.

- ▶ I was happier than he is. (그가 지금 행복한 것보다 나는 과거에 더 행복했다.) → 과거와 현재의 시간비교

02 화법

1) 직접화법과 간접화법

① 직접화법

He said, "She is a teacher." (그는 "그녀는 선생님이어요"라고 말했다.)

- ▶ 직접화법은 항상 따옴표(" ")로 표시된다.
- ▶ He said : 전달문 (said는 전달동사)
- ▶ "She is a teacher." : 피전달문(is는 피전달동사)

② 간접화법

He said that she was a teacher. (그는 의사라고 말했다.)

▶ He said : 전달문

▶ She was a teacher : 피전달문

▶ 간접화법은 전달문과 피전달문을 that을 사용하여 연결한다.

03 화법의 전환

1) 평서문

① **직접화법** : He said to me, "I will stay here tomorrow." (그는 나에게 "나는 내일 여기에 머무르겠다"고 말했다.)

② **간접화법** : He told me that he would stay there the next day. (그는 나에게 다음날 거기에 머무르겠다고 말했다.)

▶ 전달문의 주어는 동일하게 한다.

▶ 전달동사는 tell로 바꾼다.

▶ 전달문과 피전달문을 연결하는 that를 쓴다.

▶ 피전달문의 인칭대명사를 말하는 사람(화자)의 입장으로 바꾼다.

▶ 전달문의 동사와 피전달문의 시제를 일치시킨다.

▶ 때, 장소 등을 나타내는 어구는 다음과 같이 바꾼다.

직접화법	간접화법
Today	that day
tonight	that night
tomorrow	the next day, the following day
next week	the following week
yesterday	the previous day, the day before
last night	the previous night, the night before
ago	before
now	then
here	there
this	that
these	those

2) 의문문

① 의문사가 있는 의문문

직접화법 : He said to me, "What do you like?" (그는 나에게 "너는 무엇을 좋아하니?"라고 말했다.)

간접화법 : He asked me what I liked. (그는 나에게 내가 무엇을 좋아하는지 물었다.)

▶ 전달문의 주어는 동일하게 한다.

▶ 전달동사는 의문문이기 때문에 ask로 바꾼다.

▶ 의문사(what)는 전달문과 피전달문을 연결하는 접속사 역할을 한다.

▶ 피전달문의 인칭대명사를 화자의 입장으로 바꾼다.

▶ 피전달문은 '주어 + 동사'의 어순이고 전달문과 피전달문의 시제를 일치시킨다.

▶ 의문부호(?)는 마침표(.)로 바꾼다.

② 의문사가 없는 의문문

직접화법 : He said to me, "Are you busy?" (그는 나에게 "너는 바쁘니?"라고 말했다.)

간접화법 : He asked me if I was busy. (그는 나에게 내가 바쁜지 물었다.)

▶ 전달문의 주어는 동일하게 한다.

▶ 전달동사는 의문문이기 때문에 ask로 바꾼다.

▶ 접속사는 if나 whether를 쓴다.

▶ 피전달문의 인칭대명사를 화자의 입장으로 바꾼다.

▶ 피전달문은 '주어 + 동사'의 어순이고 전달문과 피전달문의 시제를 일치시킨다.

▶ 의문부호(?)는 마침표(.)로 바꾼다.

3) 명령문

① 긍정 명령문

직접화법 : He said to me, "do it here." (그는 나에게 "그것을 여기에서 하라"라고 말했다.)

간접화법 : He told me to do it here. (그는 나에게 그것을 여기에서 하라고 말했다.)

▶ 전달문의 주어는 동일하게 한다.

▶ 전달동사는 tell로 바꾸고 피전달문의 동사는 to부정사의 형태로 바꾼다.

> 전달동사는 문장의 내용에 따라 tell, order, ask, request, advise, suggest 등으로 바꿔 쓸 수 있다.

▶ here는 there로 바꾼다.

② 부정 명령문

직접화법 : He said to me, "Don't stay here." (그는 나에게 "여기에 머물지 마"라고 말했다.)

간접화법 : He ordered me not to stay there. (그는 나에게 거기에 머물지 말라고 말했다.)

▶ 전달문의 주어는 동일하게 한다.

▶ 전달동사는 order로 바꾸고 피전달문의 동사는 not + to부정사의 형태로 바꾼다.

▶ here는 there로 바꾼다.

③ 권유 명령문

직접화법 : He said to us, "Let's start at once." (그는 우리들에게 "즉시 출발합시다"라고 말했다.)

간접화법 : He suggested that we (should) start at once. (그는 우리가 즉시 떠날 것을 제안했다.)

▶ 전달문의 주어는 동일하게 한다.

▶ 전달동사는 suggest로 바꾸고 that를 접속사로 쓰고 피전달문의 동사는 should를 사용하거나 동사의 원형이 나와야 한다.

4) 감탄문

① 직접화법 : He said, "How beautiful she is!" (그는 "그녀는 정말 아름답구나!"라고 말했다.)

② 간접화법 : He exclaimed how beautiful she was. (그는 그녀가 정말 아름답다고 말했다.)

He exclaimed(said) that she was very beautiful. (그는 그녀가 매우 아름답다고 말했다.)

▶ 전달문의 주어는 동일하게 한다.

▶ 전달동사는 exclaim으로 바꾼다.

> 전달동사는 문장의 내용에 따라 exclaim, cry, shout 등으로 바꿀 수 있다.

▶ 전달문과 피전달문의 시제를 일치시킨다.

▶ 감탄문의 간접화법은 의문부사를 사용하지 않고 very를 사용하여 표현하는 방법도 가능하다.

5) 피전달문이 중문일 때

피전달문이 등위접속사(and, but 등)로 연결되는 중문일 때 접속사 다음에 that를 다시 써야 한다.
그러나 for 다음에는 that를 놓지 않는다. 문장의 종류가 다를 때에는 알맞은 전달동사를 사용하고 and로 연결한다.

① 직접화법 : She said, "I want to go, but I don't have any time." (그녀는 "나는 가고 싶지만 시간이 없다"고 말했다.)

② 간접화법 : She said that she wanted to go, but that she didn't have any time. (그녀는 가고 싶지만 시간이 없다고 말했다.)

③ 직접화법 : He said, "I don't want to join her, for I don't like her." (그는 "나는 그녀를 좋아하지 않기 때문에 그녀와 같이 가고 싶지 않다"고 말했다.)

④ 간접화법 : He said that he didn't want to join her, for he didn't like her. (그는 그녀를 좋아하지 않기 때문에 그녀와 같이 가고 싶지 않다고 말했다.)

⑤ 직접화법 : She said, "I like this watch. Can I buy it?" (그녀는 "나는 이 시계를 좋아합니다. 그것을 살 수 있을까요?"라고 말했다.)

⑥ 간접화법 : She said that she liked that watch and asked if she could buy it. (그녀는 그 시계를 좋아한다고 말하고 그것을 살 수 있는지 물었다.)

6) 피전달문이 복문일 때

주절과 함께 종속절을 수반하는 복문인 경우에도 종속절의 동사는 주절의 동사와 시제를 일치시켜야 한다.

① 직접화법 : She said, "I don't know what he likes." (그녀는 "나는 그가 무엇을 좋아하는지 모른다"고 말했다.)

② 간접화법 : She said that she didn't know what he liked. (그녀는 그가 무엇을 좋아하는지 모른다고 말했다.)

③ 직접화법 : He said to me, "What do you think about the lady I introduced?" (그는 나에게 "내가 소개한 그 숙녀를 어떻게 생각하느냐"고 말했다.)

④ 간접화법 : He asked me what I thought about the lady he had introduced. (그는 나에게 그가 소개한 그 숙녀를 어떻게 생각하는지 물었다.)

⑤ 직접화법 : I said to him, "Finish the work by the time I come back." (나는 그에게 "내가 돌아올 때까지 일을 끝내라"고 말했다.)

⑥ 간접화법 : I told him to finish the work by the time I came back. (나는 그에게 내가 돌아올 때까지 일을 끝내라고 말했다.)

Exercise 제 24장 | 일치와 화법(Agreement and Narration)

A. 다음 문장에서 틀린 것을 바르게 고치시오.

1. The rest of the students is playing basketball on the ground.

   → _____

2. Either you or he have to be there at five o'clock.

   → _____

3. All my family is fond of the soup drama.

   → _____

4. He said to me if I had some money.

   → _____

5. Toast and jam are my main food in the morning.

   → _____

B. 다음 문장 중 괄호 안에서 알맞은 것을 고르시오.

1. He said that he (will, would) return the bag in a week.

2. Every table and chair (have, has) to be repaired.

3. I as well as you (am, are) to blame.

● 연습문제 ●

4. Thirty dollars (is, are) a reasonable price.

5. He said that he (goes, went) to school by bus on weekdays.

C. 다음 문장을 간접화법으로 바꾸시오.

1. He said to me, "Do you like her?"

   → _____

2. She said to him, "I have been to Europe before."

   → _____

3. He said, "It will be sunny tomorrow."

   → _____

4. He said to me, "I will go there tomorrow.

   → _____

5. He said, "I am tired, but I can do it."

   → _____

접속사(Conjunction)

접속사란 단어와 단어, 구와 구, 절과 절을 잇는 역할을 하는 것으로 보통 형태와 기능에 따라 분류된다.

01 접속사의 종류

1) 형태상 분류

① 단순접속사 : and, but, as, or, if, though, when 등

② He and his wife came to my house. (그와 그의 아내는 우리집에 있다.)

③ She went there, but he didn't. (그녀는 거기에 갔지만 그는 가지 않았다.)

④ 구접속사 : as soon as, as well as, as long as, even if 등

▶ As soon as she finished the work, she went out for shopping. (그녀는 일을 끝내자마자 쇼핑하러 나갔다.)

▶ He learns Japanese as well as English. (그는 영어뿐만 아니라 일본어도 배운다.)

⑤ 상관접속사 : either ~ or, not only ~ but (also), both ~ and, so ~ that 등

▶ Either you or I am to blame. (너든 나든 비난을 받아야 한다.)

▶ Not only he plays baseball, but also he plays basketball well. (그는 야구를 할 뿐만 아니라 농구도 잘한다.)

2) 기능상 분류

① 등위접속사 : and, but, for, or, so 등으로 단어와 단어, 구와 구, 절과 절을 대등한 관계로 연결시켜준다.

▶ He is a teacher and she is a student. (그는 선생님이고 그녀는 학생이다.)

▶ He is young, but he is wise. (그는 젊지만 현명하다.)

② 종속접속사 : when, after, before, as, if, whether, because 등과 같이 주절과 종속절을 연결시켜 준다.

▶ When she was young, she was very beautiful. (그녀가 젊었을 때 매우 예뻤다.)

▶ After he graduated from the university, he got a job in the law firm. (그는 대학을 졸업한 후 법률회사에 취직하였다.)

02 등위 접속사

1) and

① Bread and butter is my staple food. (빵과 버터는 나의 주식이다.)
→ 명사 연결

② He and she are classmates. (그와 그녀는 급우이다.) → 대명사 연결

③ He ran slow and steadily. (그는 천천히 그리고 꾸준히 달렸다.) → 부사 연결

④ I had breakfast and went to work. (나는 아침 먹고 일하러 갔다.) → 동사 연결

⑤ It is different to know and to teach. (아는 것과 가르치는 것은 다르다.) → 부정사 연결

⑥ Take this pill, and you will feel better. (이 약을 먹어라, 그러면 더 나아질 것이다.) → 명령문

⑦ Come and see me again. (와서 나를 다시 보자.) → 부정사 대신

2) but

① He is small, but he is strong. (그는 작지만 강하다.) → 앞의 내용과 상반될 때

② She is not a teacher but a student. (그녀는 선생님이 아니라 학생이다.) → not A but B(A가 아니라 B이다.)

③ The refugees needed not only food but also shelter. (피난민들은 식량뿐만 아니라 피난처가 필요하였다.) → not only A but (also) B(A뿐만 아니라 B도)

3) or

① Hurry up! Or you will miss the airplane. (서둘러라, 그렇지 않으면 너는 비행기를 놓칠 것이다.) → 명령문 + or에서 or는 '그렇지 않으면'의 뜻이다.

② Today's temperature is 0 degree Celsius or 32 degrees Fahrenheit. (오늘의 기온은 섭씨 0도 즉 화씨 32도이다.) → 여기에서 or는 '즉'(that is to say)의 의미를 나타낸다.

③ Either you or I have to go to school. (당신이든 나든 한 사람이 학교에 가야 한다.) → either A or B는 A나 B중 어느 하나의 뜻이다.

4) so

① She told me to go, so I went. (그녀가 나에게 가라고 해서 갔다.) → '그러므로', '그래서'의 뜻으로 앞에 콤마(,)가 있고 결과 표시 (so that, and so의 생략표현)

② Speak a little louder so (that) we can hear you. (우리가 당신 말을 들을 수 있도록 좀 크게 말하시오.) → '~하도록', '~하기 위하여'의 뜻으로 목적 표시

③ So you've lost your job, have you? (그러면 실직이라도 했단 말인가?) → 문두에 와서 '그러면', '그럼'의 뜻으로 결론, 요약 표시

④ So what? (그래서 어쨌다는 말인가?) → '그래서'의 의미로 상대를 힐난할 때

5) for

He is a good athlete, for he has won prizes in many contests. (그는 훌륭한 선수이다. 왜냐하면 많은 대회에서 상을 받았기 때문이다.) → '왜냐하면~하니까'의 뜻으로 앞문장의 발언근거를 나타낸다.

6) Yet

The story is strange, yet it is true. (그 이야기는 이상하지만 사실이다.) → '그럼에도(불구하고)', '하지만'의 의미를 나타낸다.

03 종속접속사

종속절을 주절에 연결시켜 주는 접속사로 종속 접속사가 이끄는 절은 명사절이나 부사절이다.

1) 명사절

명사절을 이끄는 종속접속사는 that과 if(whether)뿐이다. 주의할 것은 whether는 단독으로 쓰이지 않고 or와 함께 쓰인다는 것이다.

① That she is beautiful is certain. (그녀가 아름답다는 것은 확실하다.) = It is certain that she is beautiful. → 주어

② The question is that I want to know what happened to him. (질문은 그에게 무슨 일이 일어났는지 알고 싶다는 것이다.) → 보어

③ I understand that she is very busy recently. (나는 그녀가 최근에 매우 바쁘다는 것을 알고 있다.) → 목적어

④ She gets the rumor that he will marry soon. (그녀는 그가 곧 결혼할 것이라는 소문을 접하고 있다.) → 동격의 that

⑤ Whether she will come or not is doubtful. (그가 올지 안 올지는 확실하지 않다.) → 주어

> whether와 if는 다음과 같이 차이점이 있다.
> ① 여기에서와 같이 'whether ~ or ~'는 주어로서 쓰이지만 'If ~ or ~'는 보통 목적어로서만 사용하고 주어, 보어로서 쓰이지 않는다.
> ② 'Whether or not ~'은 가능하지만 'If or not ~'은 사용하지 않는다.
> ③ Whether는 타동사, 전치사의 목적어도 사용 가능하지만 if는 전치사의 목적어에는 사용되지 않는다.
> ④ If는 동격명사절에는 쓰이지 않는다.

⑥ I wonder if he left for Japan. (나는 그가 일본으로 떠났는지 궁금하다.) → 목적어

2) 부사절

부사절을 이끄는 종속접속사는 시간, 장소, 이유, 원인, 목적, 결과, 조건, 양보 등을 나타낼 때 사용된다. 부사절을 이끄는 접속사가 문두에 쓰이면 부사절 다음에 콤마가 쓰이며 앞에서부터 해석한다. 그러나 주절의 뒤에 쓰이면 보통 콤마가 없으며 뒤에서부터 해석한다.

① 시간을 나타내는 종속접속사 : when, as, while, after, before, till, until, since, as soon as 등으로 '~할 때', '~하는 동안', '~할 때까지', '~하자마자', '~하는 한'의 의미를 나타낸다.

▶ When I visited there, I couldn't see anybody. (내가 거기를 방문했을 때 누구도 볼 수 없었다.)

▶ As she came to my house, I cooked beef steak for her. (그녀가 나의 집에 왔을 때 비프스테이크를 요리해 주었다.)

▶ I was reading a book while my son was studying. (나는 아들이 공부하는 동안 책을 읽고 있었다.)

▶ After she moved to USA, we couldn't meet her any more. (그녀가 미국으로 이사한 후, 우리는 그녀를 더는 만날 수 없었다.)

▶ You have to finish your homework before your mother comes back. (너는 엄마가 돌아오기 전에 숙제를 끝내야 한다.)

▶ He studied very hard, till he passed the examination. (그는 시험에 합격할 때까지 매우 열심히 공부하였다.) → till은 'and at last(그래서 드디어)'라는 결과의 의미를 함축하고 있다.

▶ The party was not over until she finished singing. (파티는 그녀가 노래를 끝낼 때까지 끝나지 않았다. → 그녀가 노래를 끝내고 나서야 파티는 끝났다.)

> not ~ until ~ (~하고 나서야 ~하다.)

▶ It is 10 years since I came to Seoul. (내가 서울에 온 지 10년이다.)

▶ As soon as I got there, I started to work. (나는 거기에 도착하자마자 일하기 시작하였다.)

▶ I will support you as long as I makes money. (내가 돈을 버는 한 너를 지원할 것이다.)

▶ You may stay here so long as you keep quiet. (네가 조용히 있기만 한다면 여기 있어도 좋다.)

▶ The house had been thoroughly cleaned by the time the guests arrived. (손님들이 도착했을 때 집은 깨끗이 청소되어 있었다.)

▶ The phone rang the moment(instant) I opened the door. (내가 문을 열자마자 전화가 울렸다.)

▶ I get the blues every time I hear that song. (내가 그 노래를 들을 때마다 울적해진다.)

▶ Next time I come, I will bring my son to you. (다음에 내가 올 때 아들을 데리고 오겠습니다.)

▶ No sooner had he arrived than he fell ill. (그가 도착하자마자 그는 병이 났다.)
= He had no sooner arrived than he fell ill.

> no sooner ~ than = hardly(scarcely) ~ before(when) = as soon as
> = on –ing = the moment(instant)로 모두 대체하여 쓸 수 있다.

② 장소를 나타내는 종속접속사 : where는 '~하는 곳에', '~한 곳은 어디에나'의 의미를 나타낸다.

▶ Where there is a will, there is a way. (뜻이 있는 곳에 길이 있다.)

▶ Apricots won't grow where the winters are cold. (살구는 겨울철 추운 곳에서 자라지 않을 것이다.)

▶ Go where you like to. (네가 가고 싶은 곳으로 가라.) → wherever(~한 곳은 어디에나)의 의미 함축.

▶ Now there is nothing but desert, where there used to be a fertile plain. (전에는 기름진 평야였는데 지금은 황무지에 지나지 않는다.)

③ 이유, 원인을 나타내는 종속접속사 : as, because, since, now that, seeing that 등으로 '~때문에', '~해서', '~한 이상'등의 의미를 나타낸다.

▶ As I am ill, I will not go there. (내가 병이 났기 때문에 거기에 가지 않겠다.)

▶ The car crashed because the driver was careless. (운전자가 부주의하였기 때문에 차가 충돌했다.)

▶ We are generous and strong, not because we believe in ourselves, but because we hold beliefs beyond ourselves. (우리는 자신을 믿기 때문이 아니라 우리를 초월하는 믿음을 지니고 있기 때문에 관대하고 힘이 있습니다.)

기초 영문법 **283**

▶ Since you don't trust him, you should not employ him.
(당신이 그를 믿지 않는 이상 그를 고용해서는 안됩니다.)

▶ The sports fans are leaving now that the game is over.
(경기가 끝나서 팬들이 떠나고 있다.)

▶ Seeing that you lied to me, I can't trust you any more.
(네가 나에게 거짓말한 이상 나는 너를 더는 믿을 수 없다.)

④ 목적, 결과를 나타내는 종속접속사 : so that, in order that, lest ~should, for fear that, so ~ that, 등으로 '~하기 위하여', '~하도록', ~할 목적으로', '그래서'의 의미를 갖는다.

▶ He worked hard so that his family could live in comfort. (그는 그의 가족이 편안히 살 수 있도록 열심히 일하였다.)

> so that의 절에서 조동사로 can, may, will 등이 쓰일 수 있다.

▶ Go early in order that you may get a good seat. (좋은 자리를 얻으려면 일찍 가라.)

▶ Hide it lest he (should) see it. (그가 보지 못하도록 그것을 감추어라.)

> lest ~ should(~하지 않도록) = for fear that ~should = so that ~ will not.

▶ She talked to me in whispers for fear that he should be heard. (그녀는 그에게 들리지 않도록 나에게 속삭이며 말했다.)

▶ He was so polite a gentleman that everybody liked him.
(그는 매우 공손한 신사여서 모든 사람들이 그를 좋아하였다.)

so + 형용사 + a + 명사=such + a + 형용사 + 명사(매우 ~해서 ~하다.)

▶ This book was so interesting that I read it all day. (이 책은 매우 재미있어서 나는 온종일 그것을 읽었다.)

▶ I was excited, so that I couldn't get to sleep. (나는 흥분하고 있어서 잠을 잘 수 없었다.)

⑤ 조건을 나타내는 종속접속사 : if, once, suppose(supposing) that, provided that, on condition that 등으로 '만일 ~ 하면', '일단 ~하면'의 의미를 나타낸다.

▶ If you ask him, he will help you. (네가 그에게 요청하면 그는 도와 줄 것이다.)

▶ Once you start, you must finish it. (네가 일단 시작하면 그것을 끝내야 한다.)

▶ Suppose that he refuses, what shall we do? (일단 그가 거절하면 우리는 어떻게 하겠는가?)

▶ She will come provided that she is well enough. (그녀가 건강이 괜찮다면 올 겁니다.)

▶ He will buy it on condition that he is paid. (그가 돈을 받으면 그것을 살 것이다.)

⑥ 양보를 나타내는 종속접속사 : if, though, although, even though, even if, whether or not, as, what may happen, no matter + 의문사 등으로 '~할 지라도', '~하지만', '~하든 않든'의 의미를 나타낸다.

▶ Don't blame him if he should fail. (그가 실패할지라도, 그를 비난하지 말라.)

▶ Though he is young, he supports his family. (그는 어리지만 그의 가족을 부양하고 있다.)

▶ Although he is old, he is quite strong. (그는 나이 들었지만 아주 힘이 세다.)

▶ Even though English is not his native language, he speaks it fluently. (영어가 그의 모국어가 아닐지라도 그는 유창하게 말한다.)

▶ Diligent as he was, he didn't succeed as yet. (그는 근면하지만 아직까지 성공하지 못했다.)

as앞에 형용사, 부사, 명사(관사 없음)가 와서 양보의 의미를 나타낸다.

▶ What may happen, you have to go there. (무슨 일이 있어도 너는 거기에 가야 한다.)

▶ No matter what he says, don't go. (그가 무엇을 말하든 가지 마라.)

▶ Whether he comes or not, the result will be the same. (그가 오든 오지 않든 결과는 같을 것이다.)

⑦ **양태, 비교, 추이를 나타내는 종속 접속사** : as는 시간이나 원인, 이유뿐만 아니라 '~한 대로', '~와 같이', '~만큼', '~함에 따라'와 같이 양태, 비교, 추이의 의미를 나타낸다.

▶ Do as I told you. (내가 말한 대로 해라.)

▶ She can walk as quickly as I can. (그녀는 나만큼 빨리 걸을 수 있다.)

▶ You grow wiser as you grow older. (넌 나이를 먹어감에 따라 더 현명해진다.)

Exercise
제 25장 | 접속사(Conjunction)

A. 다음 문장에서 빈칸에 적절한 접속사를 쓰시오.

1. She studied so hard (　　　) she became a doctor.

2. Curry (　　　) rice is what I often eat for dinner.

3. He laughed (　　　) it looked very funny.

4. Late (　　　) it is, I will stay a little longer.

5. I had no money then, (　　　) I couldn't buy it.

6. Come (　　　) have coffee with me.

7. This book is (　　　) interesting and instructive.

8. You (　　　) he has to take care of the baby.

B. 다음 문장 중 괄호 안에서 알맞은 것을 고르시오.

1. As (long, far) as I know, she'll attend the meeting.

2. He was very tired, (and, so) that he couldn't go farther.

3. It will not be long (before, until) winter comes.

4. The phone rang the (time, moment) I entered the room.

5. (What, Where) there is a will, there is a way.

● 연습문제 ●

6. Can you check (that, whether) he will come or not?

7. I wrote it down lest I (might, should) forget it.

8. Rain (and, or) shine, I'll meet her tomorrow.

C. 다음 문장에서 틀린 것을 바르게 고치시오.

1. Behave when I directed you.

   → _____

2. Hide, and she will catch you.

   → _____

3. If or not he comes, the result will be not different.

   → _____

4. Be careful lest he should not fall from the tree.

   → _____

5. Since years went on, she grew more beautiful.

   → _____

6. As he is young, he supports his family.

   → _____

전치사

01 전치사의 정의

지금까지 배워온 바와 같이 전치사는 우리말의 조사에 해당하는 품사이다. 전치사는 말 그대로 어떤 단어의 앞에서 시간, 장소, 원인, 목적, 재료, 수단, 단위 등을 나타내는 품사로 그 다음에는 반드시 명사가 나와야 한다. 절대로 홀로 쓰이지 않는다는 것이다.

02 전치사의 용법

1) 전치사의 목적어

전치사 다음에는 무조건 명사 또는 대명사의 목적격이 나와야 한다. 다른 품사가 전치사 다음에 오는 것은 그 품사가 명사화하여 올 수 있다.

> on the desk (책상 위에) = **on** + **the desk**
>   전치사   명사의 목적격
>
> with her (그녀와 함께) = **with** + **her**
>   전치사   대명사의 목적격

전치사는 'with she(전치사 + 주격)'와 같이 절대로 쓰여서는 안 된다는 것이다.

① I went to school with my daughter. (나는 딸과 함께 학교에 갔다.)
→ 명사

② My son discussed his future with me. (아들은 나와 함께 그의 미래에 대해서 얘기하였다.) → 대명사

③ He is capable of solving the problem. (그는 그 문제를 풀 수 있다.) → 동명사

④ Things are getting from bad to worse. (상황이 점점 악화되고 있다.) → 형용사

⑤ How far is it from here to your house? (여기에서 집까지 거리가 얼마나 됩니까?) → 부사

⑥ A dog ran out from behind the door. (개 한 마리가 문 뒤에서 달려나갔다.) → 구

⑦ The result depends on how you work. (결과는 당신이 어떻게 일 하느냐에 따라 달려있다.) → 절

2) 형용사구 및 부사구 역할

'전치사 + 명사(명사 상당어구)'로 형용사구, 부사구 구성

① He is a man of ability. (그는 능력 있는 사람이다.) → of + 추상명사 = 형용사구(able)

② This book is of great use. (이 책은 매우 유용하다.) → of + 추상명사 = 형용사구(greatly useful)

③ She solved the problem with ease. (그녀는 쉽게 그 문제를 풀었다.) → with + 추상명사 = 부사구(easily)

④ He did it on purpose. (그는 고의로 그렇게 하였다.) → on + 추상명사 = 부사구(purposely)

03 전치사의 위치

1) 전치사는 명사나 대명사 앞에 두는 것(전치)이 원칙이다.

① The rose is on the table. (장미가 테이블 위에 놓여 있다.)

② He studies in the room. (그는 방안에서 공부하고 있다.)

③ She arrived at the airport. (그녀는 공항에 도착했다.)

2) 예외적으로 다음과 같은 경우 전치사가 문미에 오거나 명사(대명사)와 분리된다.

① What do you think about? (너는 무엇에 대해 생각하고 있니?) → about의 목적어가 의문사일 경우

② This is the house I live in.= This is the house in which I live. (이것은 내가 살고 있는 집이다.) → 전치사 in의 목적격인 관계대명사(which)가 생략될 경우 전치사는 후치

③ I have no pencil to write with. (나는 쓸 연필이 없다.) → 부정사가 명사를 수식할 때

④ She was laughed at by him. (그녀는 그에게 비웃음을 당했다.) → '자동사 + 전치사=타동사'가 수동태로 쓰일 때

04 전치사의 종류

1) 단순 전치사 : 한 단어로 된 전치사

at ~에서	in ~안에	on ~위에
of ~의	for ~을 위하여	by ~옆에
to ~까지	from ~로부터	till ~까지
with ~와 함께		

2) 복합 전치사 : 2개 이상의 단순전치사가 하나로 쓰이는 전치사

about(on + by + out) ~에 대하여
above(on + by + up) ~위에
before (by + fore) ~위에
between(by + twain) ~사이에
into(in + to) ~안으로
onto(on + to) ~위로
within(with + in) ~의 안에
without(with + out) ~없이

3) 이중 전치사 : 2개의 전치사가 계속해서 사용될 경우

① We waited for my daughter till after school. (우리는 방과 후까지 딸을 기다렸다.)

② She picked up trash from under the table. (그녀는 식탁 밑에서 쓰레기를 주웠다.)

③ He ran away from behind the door. (그는 문 뒤에서 도망갔다.)
④ Choose three from among the apples. (사과 중에서 3개를 골라라.)

4) 분사 전치사 : 분사의 형태로서 전치사 역할을 하는 경우

concerning ~에 관하여	considering ~을 고려하면
excepting ~을 제외하고	saving ~을 제외하고
past ~을 지나서	regarding ~에 관하여

05 전치사의 분류

1) 시간을 나타내는 전치사

① at은 시간(~에) at 2:00, at night, at midnight, at dawn
   on은 날짜, 특정한 날의 시간(~에) on March 4, on the evening of May 5th.
   in은 월, 년, 세기(~에) in January, in 2009, in the 20th century

▶ I get up at six every day. (나는 매일 6시에 일어난다.)

▶ She is going to leave for New York on March 10th. (그녀는 3월 10일 뉴욕으로 떠날 예정이다.)

▶ He was born in 1980. (그는 1980년에 태어났다.)

② from (~로부터) / since (~이후, ~이래로)

▶ He starts to work from 9 o'clock. (그는 9시부터 일을 시작한다.)

▶ She has been very busy since last Monday. (그녀는 지난 월요일 이후 매우 바쁘다.)

③ by (~까지〔완료〕) / till (~까지〔계속〕)

▶ Finish the work by six. (6시까지 일을 끝내라.) → 완료의 의미 함축

▶ I will wait for you till five. (나는 당신을 5시까지 기다리겠다.) → 계속의 의미 함축

④ in (~이 지난 후에) / within (~이내에)

▶ He will be back in a few days. (그는 며칠이 지난 후에 돌아올 것이다.)

▶ I will be there within a week. (나는 거기에 1주일 이내에 가겠다.)

⑤ before (~전에) / after (~후에)

▶ We got there before sunrise. (우리는 해뜨기 전에 거기에 도착했다.)

▶ They went back after 10 o'clock. (그들은 10시 후에 돌아갔다.)

⑥ for (~동안) / during (~하는 동안〔특정기간〕쯤) / through (~내내〔기간전체〕)

▶ She has lived in Korea for five years. (그녀는 5년 동안 한국에 살고 있다.)

▶ I presented the company during the conference. (나는 회의하는 동안 회사를 소개하였다.)

▶ She was out of the country all through the year. (그녀는 일년 내내 외국에 있었다.)

2) 장소를 나타내는 전치사

① at (~에서[좁은 장소]) / in (~에서[넓은 장소])

▶ I bought some books at the bookstore. (나는 서점에서 몇 권의 책을 샀다.)

▶ She grew up in Seoul. (그녀는 서울에서 자랐다.)

② in (~의 안에서) / into (~의 안으로) / out of (~의 밖으로)

▶ He studies in the room. (그는 방안에서 공부하고 있다.)

▶ A dog ran into the house. (개 한 마리가 집안으로 달려 들어갔다.)

▶ She came out of the house. (그녀는 집 밖으로 나갔다.)

③ on (접촉하여 위에) ↔ beneath (접촉하여 아래에)
above (떨어져서 위에) ↔ below (떨어져서 아래에)
over (바로 위에) ↔ under (바로 아래에)
up (밑에서 위로) ↔ down (위에서 아래로)

▶ There is a cabin on the island. (섬 위에 통나무집이 하나 있다.)

▶ He was pinned beneath the car. (그는 자동차에 깔렸다.)

▶ A plane is flying above the clouds. (비행기가 구름 위로 날아가고 있다.)

▶ The sun has just set below the horizon. (해가 방금 수평선 아래로 졌다.)

▶ A lamp was hanging over the table. (램프가 테이블 위에 걸려 있었다.)

▶ I was sitting under the tree. (나는 나무 아래에 앉아 있었다.)

▶ The price came up. (가격이 올랐다.)

▶ The elevator went down. (엘리베이터가 내려갔다.)

④ from (~에서) / to (~까지, ~으로) / for (~의 방향으로, ~을 향하여) / toward(s) (~의 쪽으로, ~을 향하여)

▶ His house is far away from school. (그의 집은 학교에서 멀리 떨어져 있다.)

▶ He went from Seoul to Los Angeles by airplane. (그는 비행기로 서울에서 LA까지 갔다.)

▶ I am travelling to Boston. (나는 보스턴으로 여행 중이다.)

▶ She left for Seoul. (그녀는 서울로 떠났다.)

▶ We went toward the river. (우리는 강 쪽으로 갔다.)

⑤ between (둘 사이에) / among (셋 이상의 사이에)

▶ I travelled between Seoul and Busan by railroad. (나는 기차로 서울과 부산 사이를 여행했다.)

▶ She was sitting among the boys. (그녀는 남자들 사이에 끼어 앉아 있었다.)

⑥ across (~을 가로질러, ~을 횡단하여, ~의 맞은 편에, ~의 전역에) / along (~을 따라) / through (~을 통과하여, ~을 지나)

▶ I could see a long bridge across the river. (나는 강을 가로지른 긴 다리를 볼 수 있었다.)

▶ She lives across the river. (그녀는 강 건너편에 살고 있다.)

▶ He was walking along the street alone. (그는 길을 따라 홀로 걷고 있었다.)

▶ The bus passed through the tunnel. (버스는 터널을 통과하여 지나갔다.)

⑦ around (~의 주위에, ~을 둘러싸고, ~을 일주하여)
round (~의 주위에, ~주위를 회전하여)
about (~주변에, 여기저기에)

▶ We sat around the fire. (우리는 불을 둘러싸고 앉았다.)

▶ She took a trip around the world. (그녀는 세계일주 여행을 하였다.)

▶ The earth goes round the sun. (지구는 태양 주위를 돈다.)

▶ He wandered about the town. (그는 시내를 여기저기 돌아다녔다.)

⑧ behind (~의 뒤에서) / beside (~의 옆에)

▶ There is a garden behind the house. (집 뒤에 정원이 있다.)

▶ She sat beside me. (그녀는 내 옆에 앉았다.)

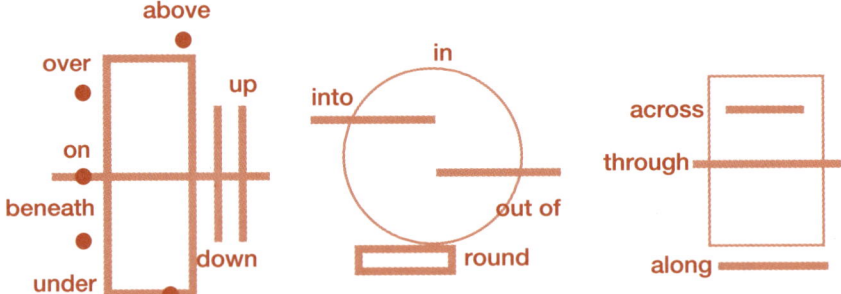

3) 기타 전치사

① 원인, 이유 : from (외적인 원인), of (병, 노약 등), for, with(행위의 원인), through (부주의, 태만 등), at, over(감정의 원인)

- ▶ Her cheeks were red from the cold. (그녀의 볼은 추위 때문에 붉어졌다.)
- ▶ His father died of liver cancer. (그의 아버지는 간암으로 돌아가셨다.)
- ▶ He was to blame for his wrongdoings. (그는 비행 때문에 비난 받아야만 했다.)
- ▶ She is in bed with cold. (그녀는 감기로 누워 있다.)
- ▶ He ran into a car through carelessness. (그는 부주의 때문에 차에 치였다.)
- ▶ She was surprised at the news. (그녀는 그 뉴스에 놀랐다.)
- ▶ He is grieving over his father's death. (그는 아버지의 죽음을 슬퍼하고 있다.)

② 목적, 결과 : for(목적), after(추구), to(결과), into(변화된 결과)

- ▶ I wrote to him for advice. (나는 그에게 조언을 구하기 위하여 편지를 썼다.)
- ▶ He is seeking after fame. (그는 명성을 추구하고 있다.)
- ▶ She was shot to death. (그녀는 총에 맞아 죽었다.)
- ▶ The snow turned into water. (눈이 물로 변하였다.)

③ 재료, 원료 : of(재료가 변하지 않을 때), from(재료가 변할 때)
- ▶ This table is made of wood. (이 테이블은 나무로 만들어져 있다.)
- ▶ Wine is made from grapes. (포도주는 포도로 만든다.)

④ 수단, 매체 : by(수단, 행위자), with(도구), through(매체)
- ▶ I went to New York by airplane. (나는 비행기로 뉴욕에 갔다.)
- ▶ The speech will be given by Dr. Park. (박 박사가 연설을 할 것이다.)
- ▶ This letter was written with pencil. (이 편지는 연필로 쓰여졌다.)
- ▶ He spoke through a translator. (그는 통역을 통하여 말하였다.)

⑤ 분리, 제거 : of(제거), Off(분리)
- ▶ He deprived her of her money. (그는 그녀에게서 돈을 빼앗았다.)
- ▶ The doctor cured him of the disease. (의사는 그에게 병을 고쳐주었다.)
- ▶ I took off my hap. (나는 모자를 벗었다.)
- ▶ She got off the bus. (그녀는 버스에서 내렸다.)

⑥ 관계, 관련 : about(관련), on(전문적인 관련), with(관계)
- ▶ I know well about his merits. (나는 그의 장점에 대하여 잘 알고 있다.)
- ▶ This is a book on international relations. (이것은 국제관계에 관한 책이다.)
- ▶ I have something to do with his success. (나는 그의 성공과 관련이 있다.)

⑦ 제외 : except(~을 제외하고), but(~을 제외하고)

▶ We are all ready except you. (우리는 너만 제외하고 모두 준비되어 있다.)

▶ All but one man were drowned. (한 사람을 제외하고 모두 익사하였다.)

⑧ 표준, 교환, 가격 : by(계측의 단위), for(교환), at(가격)

▶ Sugar is sold by the pound. (설탕은 파운드를 단위로 판다.)

▶ She exchanged her money for US dollars. (그녀는 그녀의 돈을 US달러로 교환하였다.)

▶ He bought TV at the lowest price. (그는 TV를 가장 낮은 가격으로 구입했다.)

⑨ 부대상황 : 전치사 with는 'with + 목적어 + 형용사(현재분사, 과거분사 포함)/부사'의 형태를 취하면서 '(목적어)를 ~하고', '~를 ~한 채'로 해석하는 부대상황을 이끈다.

▶ You should not speak with your mouth full. (입에 가득 넣고 말해서는 안 된다.)

▶ I cannot leave here with you staying alone. (나는 너를 혼자 남겨 두고 여기를 떠날 수 없다.)

▶ The man was walking with his arms folded. (그 남자는 팔짱을 낀 채로 걷고 있었다.)

▶ He stood there with his back against the wall. (그는 등을 벽에 기댄 채 서 있었다.)

4) 전치사구

2개 이상의 단어가 하나의 전치사 역할을 하는 어구.

① 원인, 이유 : on account of (~때문에), because of (~때문에), owing to (~때문에), due to (~때문에), on the grounds of (~하는 이유로)

- ▶ The game was called off on account of rain. (그 게임은 비 때문에 취소되었다.)
- ▶ I didn't go out because of the bad weather. (나는 날씨가 안 좋아서 외출하지 않았다.)
- ▶ His death was owing to the accident. (그의 죽음은 사고 때문이었다.)
- ▶ The book was reissued in a fourth edition due to its popularity. (그 책은 인기 때문에 4판째 발행되었다.)
- ▶ She resigned from the job on the grounds of ill health. (그녀는 건강 때문에 직장을 그만두었다.)

② 비례, 일치, 순응 : in proportion to(~에 비례하여, ~에 따라서), according to(~에 따라, ~에 따르면), in response to(~에 응하여)

- ▶ Energy use increases in proportion to the rise in temperature. (에너지 소비량은 기온상승에 비례하여 증가한다.)
- ▶ Vacation schedule priority will be given according to seniority. (휴가일정은 근속년수에 따라 우선권이 주어질 것이다.)
- ▶ This letter was written in response to your request. (이 편지는 당신의 요청에 의하여 쓰여졌다.)

③ 대상 : as to (~에 대하여), as for (보통 문두에서 ~에 관하여, ~로서는)

> ▶ He said nothing as to money. (그는 돈에 대하여 아무 말도 하지 않았다.)

> ▶ As for chemistry, I am an expert. (화학에 관하여, 내가 전문가이다.)

④ 양보 : with all(~함에도, ~이 있으면서도)

With all his learning, he is the simplest of men. (그는 충분한 학식이 있으면서도 가장 단수한 사람이다.)

⑤ 가정 : but for (~이 없다면)

I cannot live but for him. (나는 그가 없다면 살 수 없다.)

⑥ 수단 : by means of (~에 의하여, ~을 써서)

Guests have to enter by means of a phone buzzer system. (손님들은 인터폰을 써서 들어가야 한다.)

⑦ 기타 : apart from(~이외에, ~은 별도로 하고), up to(~까지), instead of(~대신에), in spite of(~에도 불구하고), in front of(~의 앞에서)

> ▶ Apart from joking, what will be next? (농담은 그만하고, 다음 일이 무엇이지?)

> ▶ I am up to the ninth lessen. (나는 9과까지 나가고 있습니다.)

> ▶ He is playing instead of working. (그는 일하는 대신에 놀고 있다.)

> ▶ He persists in his project in spite of the financial problem. (그는 재정문제에도 불구하고 프로젝트를 고집하고 있다.)

▶ The man is standing in front of the building. (그 남자가 빌딩 앞에 서 있다.)

06 전치사의 생략

① 계속, 상태를 나타내는 동사와 함께 특정거리나 시간을 나타낼 때 전치사는 생략할 수 있다.

▶ We walked (for) five miles. (우리는 5마일을 걸었다.)

▶ He stayed there (for) two weeks. (그는 2주 동안 거기에 머물렀다.)

② 보어로 쓰이는 전치사 of는 생략되기도 한다.

▶ It is (of) no use to cry. (울어도 소용이 없다.)

▶ We are (of) the same age. (우리는 동갑이다.)

07 전치사, 부사, 접속사의 구별

전치사는 그 다음에 전치사의 목적어로서 명사(명사 상당어구)가 온다는 것, 부사는 동사 · 형용사 · 부사 등을 수식하는 것, 접속사는 그 다음에 '주어 + 동사'가 오는 것으로 구별할 수 있다.

① He treated me as a child. (그는 나를 아이처럼 대하였다.) → as는 a child를 목적어로 갖는 전치사

② I worked as hard as I could. (나는 내가 할 수 있는 한 열심히 일하였다.) → as는 hard를 수식하는 부사

③ I will do as you wish. (나는 당신이 바라는 대로 하겠다.) → as는 you wish를 연결하는 접속사

④ The golden age is before us. (황금시대가 우리 앞에 오고 있다.) → before는 us를 목적어로 갖는 전치사

⑤ I have seen the film before. (나는 이전에 그 영화를 본 적이 있다.) → before는 seen을 수식하는 부사

⑥ You must sow before you can reap. (씨를 뿌려야 거둔다.) → before는 you can reap을 연결하는 접속사

08 전치사를 포함하는 관용구

전치사를 포함해서 2개 이상의 단어가 모여 만들어진 관용적인 표현들이 다양하다. 그 중에서 자주 사용되는 관용표현들을 다음과 같이 정리한다.

1) 동사 + 전치사

call on (사람을 방문하다)
result from (~부터 일어나다)
go through (~을 겪다)
call for (~을 요구하다)
take off (~을 벗다)
look on (~을 방관하다)
consist in (~에 놓여있다.)

do without (~없이 지내다)
call at (장소를 방문하다)
result in (~의 결과를 가져오다)
look into (~을 조사하다)
come across (우연히 만나다)
take over (~을 인수하다)
look out (~을 주의하다)

wait for(~를 기다리다)　　　　consist of(~로 구성되다)
make out(~을 이해하다)　　　　wait on(~을 시중들다)

2) 동사 + 형용사 + 전치사

be absent from(~에 결석하다)　　be full of(~로 가득차다)
be afraid of(~을 두려워하다)　　be good at(~에 익숙하다)
be anxious about(~을 근심하다)　be possessed of(~을 소유하다)
be anxious for(~을 갈망하다)　　be possessed with(~에 사로잡혀 있다)
be different from(~와 다르다)　　be proud of(~을 자랑하다)
be familiar with(~에 익숙하다)　be ready for(~을 대비, 준비하다)
be famous for(~로 유명하다)　　be tired with(~로 피곤하다)
be fond of(~을 좋아하다)　　　 be tired of(~에 싫증나다)

3) 전치사 + 명사

by the way(그런데)　　　　　　to the point(적절한, 요점을 찌르는)
by way of(~을 경유하여)　　　　out of question(의심할 여지가 없는)
in the way(방해가 되는)　　　　out of the question(불가능한)
for the purpose of(~할 목적으로)　with a view to(~할 목적으로)

4) 동사 + 부사 + 전치사

catch up with(따라가다)　　　　look forward to(고대하다)
come up with(제안하다)　　　　look up to(존경하다)
do away with(폐지하다)　　　　look down on(얕잡아 보다, 깔보다)
get along with(사이좋게 지내다)　make up for(보충하다)
get away from(벗어나다, 떠나다)　put up with(참다)
give in to(굴복하다)　　　　　　run out of(다 써버리다)

Exercise

제 26장 | 전치사

A. 다음 문장에서 빈칸에 알맞은 단어를 고르시오.

1. Our school begins (from, at) eight in the morning.

2. I was born (at, in) winter.

3. She is known (for, to) us all.

4. My office is (at, on) the third floor.

5. The sun was sinking (under, below) the horizon.

6. The Han river runs (across, through) Seoul.

7. He often goes to the park (by, through) bike.

8. I will wait for you (by, till) five.

9. It has been raining (from, since) last Saturday.

10. Finish your homework (in, by) three hours.

B. 다음 문장에서 빈칸을 알맞은 단어로 채우시오.

1. He went to Hong Kong (　　　) business last Sunday.

2. I am looking forward (　　　) hearing from you soon.

Exercise

제 26장 | 전치사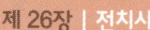

3. She is surprised (　　　) the news of his death.

4. He is different (　　　) his brother in personality.

5. They are going to leave Seoul (　　　) New York tomorrow.

6. I have nothing to do (　　　) the problem.

7. His father died (　　　) lung cancer last Sunday.

8. His novel has been translated (　　　) five different languages.

9. She is taller than me (　　　) one inch.

10. The baseball game was cancelled (　　　) account of the rain.

C. 다음 문장에서 틀린 것을 바르게 고치시오.

1. I have no pencil to write to.

　→ _____

2. Wine is made of grapes.

　→ _____

3. The earth moves about the sun.

    →

4. She was sitting between the five boys.

    →

5. How do you put up to that noise all day long?

    →

6. You have to finish your work till five today.

    →

7. He travelled abroad all during the year.

    →

8. According as the map, the hotel should be right there.

    →

9. The committee consists in ten members.

    →

10. His death resulted in an overdose of pills.

    →

특수구문

01 동격

동격을 나타내는 구문에는 명사, 대명사에서부터 전치사 of나 접속사 that절, 기타 구와 절까지 다양하며 문장 내에서 실제로 많이 사용되는 표현이다.

1) 동격어가 명사, 대명사인 경우

① Barack Obama, the 44th President of the United States, took office in January, 2009. (미국의 44대 대통령인 배럭 오바마가 2009년 1월 취임하였다.)

② My daughters are all college students. (나의 딸 모두 대학생이다.)

2) 동격의 that절

'추상명사 + that ~ '으로 표현되는 절은 동격의 절이 대부분이다. 이때 추상명사는 that절과 동격으로서 '~라는'의 의미로 해석한다. 간혹 추상명사가 that절과 분리되기도 한다.

① The rumor that he will marry the famous actress proved to be true. (그가 그 유명한 여배우와 결혼할 거라는 소문이 사실인 것으로 판명되었다.)

② The belief that the earth is round was not peculiar to Columbus. (지구가 둥글다는 신념은 콜럼버스의 것만은 아니었다.)

③ The chances are good that he will be promoted. (그가 승진할 가능성이 높다.)

3) '명사 + of + (동)명사'에서 of는 동격을 나타내며 '~라는, ~하다는, ~의'등으로 해석한다.

① City of Seoul (서울이라는 도시)

② The six of us (우리 여섯명)

③ The fact of my having seen him was known to everybody.
(내가 그를 만났다는 사실이 모든 사람들에게 알려졌다.)

4) 구와 동격을 나타내는 경우

It will help solve one of the Korean peninsula issues: how to support North Korea. (그것은 한반도 문제중의 하나, 즉 북한을 지원하는 방법을 해결하는 데 도움이 될 것이다.)

5) 절과 동격을 나타내는 경우

① He forgot to go to the wedding - a sign of poor memory.
(그는 결혼식에 가는 것을 잊었는데 이것은 건망증의 징조였다.) → 앞의 문장 전체와 동격

② South Korea's Ban Ki Moon has taken over as secretary general of United Nations. - the first Asian to hold the post in 35 years. (한국의 반기문씨가 UN의 사무총장으로 취임하였는데 이것은 35년 만에 처음으로 아시아인이 사무총장이 된 것이었다.) → 앞 문장 전체와 동격

02 강조

문장 내에서 필요한 어구나 문장 전체를 강조하기 위해 다음과 같은 강조어구를 사용하거나 때로는 강조어구를 도치시킨다.

1) It is ~ that절구문 : It과 that 사이의 어구를 강조한다.

It was a week ago that I ran into my ex - wife. (내가 전처를 우연히 만났던 것은 1주일 전이었다.)

2) Do는 강조의 조동사

I do hope that he will succeed. (나는 그가 성공하기를 진심으로 바란다.)

3) 부정문의 강조(at all = whatsoever)

I don't know him at all. (나는 그를 전혀 모른다.)

4) on earth, in the world, whatever, however, the hell
: '도대체'의 의미로 의문사를 강조한다.

① Why on earth are you sitting there? (도대체 왜 거기에 앉아 있는 거야?)

② What in the world happened? (도대체 무엇이 일어났느냐?)

③ Whatever do you mean? (도대체 당신은 무엇을 의미하는 거야?)

④ What the hell are you doing? (도대체 무엇하고 있는 거야?)

5) 어구 반복

These questions will be posted over and over. (이러한 질문들은 계속해서 제기될 것이다.)

6) The very나 재귀대명사를 사용하여 강조한다

① This is the very same watch I lost yesterday. (이것이 내가 어제 잃어버린 바로 그 시계이다.)

② I will do it myself. (내가 그것을 직접 하겠다.)

03 도치

영어에서 문장은 주어 + 동사 + 목적어(보어)의 어순으로 구성되지만 때로는 기원을 나타내거나 강조하고자 하는 내용을 문두에 두어 어순을 바꾸기도 한다.

1) 기원문

May the king live long! (왕이여 장수하소서!)

2) 부정어가 문두에 나오는 경우 : 보통 '동사 + 주어'의 어순이 된다.

No sooner had she arrived than he fell ill. (그가 도착하자마자 병이 났다.)

3) 목적어, 보어의 도치

① **No money** did I have when I got on the bus. (내가 버스에 탔을 때 돈이 없었다.)

② **Shocking** was the news that the actress died. (그 여배우가 죽었다는 소식은 충격적이었다.)

4) 부사, 부사구의 도치

① **Never** has he done such a bad thing. (그가 그러한 나쁜 짓을 결코 한 적이 없다.)

② **For nothing** have we been standing in line. (우리는 줄을 서 있었던 것이 헛된 일이었다.)

5) 'So(neither/nor) + 동사 + 주어' 구문에서 도치

① My wife wanted water and **so** did I. (아내가 물을 원했고 나도 원했다.)

② If you don't go, **neither** will I(=I won't go, either). (네가 가지 않으면 나도 가지 않겠다.)

6) '(명사, 동사, 형용사, 부사) + as + 주어 + 동사~' : 도치구문이면서 양보의 부사절을 나타낸다.

Rich **as** she is, she is not happy. (그녀는 부자이기는 하지만 행복하지 않다.)

04 삽입

문장 자체는 완전한 문장이나 화자의 생각을 보충하거나 추가 설명할 때 단어, 구 또는 절을 삽입하여 사용하기도 한다. 보통 콤마(,)나 대시(/)를 사용하거나 이러한 기호 표시 없이 삽입되기도 한다.

1) 단어의 삽입

He, surely, will succeed at this time. (이번에는 확실히 그가 성공할 것이다.)

2) 구의 삽입

The dog is, so to speak, a member of the family. (개는 말하자면 가족의 일원과 같다.)

3) 절의 삽입

He is, I believe, trustworthy. (그는 믿을만하다고 나는 믿는다.)

4) 콤마(,) 없는 삽입

The gentleman who I thought was sincere didn't do his duty. (성실하다고 생각했던 그 신사는 본분을 다하지 않았다.)

5) 관용적인 삽입 : If any, if ever, in fact, you know, on the other hand 등은 구어체에서 주로 삽입된다.

There are few people, if any, who think so. (그렇게 생각하는 사람은 있다고 해도 거의 없다.)

05 공통관계

주어, 목적어, 보어, 동사 등에 공통으로 사용되는 어구를 연결시켜서 반복을 피하면서 사용된다.

1) 주어

The woman of beauty, virtue deserves to draw everybody's attention. (미와 덕을 갖춘 그 여자는 모든 사람의 주목을 받을 만하다.)

2) 목적어

Once he starts the work, he immediately does and never skips it next. (일단 그가 일을 시작하면, 그는 즉시 처리하지 다음으로 넘기지 않는다.)

3) 보어

He is and may well be grateful to you all his life. (그는 당신에게 은혜를 잊지 않고 있고 당연히 평생 고맙게 생각할 것입니다.)

4) 동사

We will, and should help the handicapped. (우리는 장애인들을 도울 것이고 도와야 한다.)

06 생략

관계대명사에서 목적격은 주로 생략하고 사용되지만 이 외에도 앞에 나온 어구의 반복을 피하기 위하여 반복되는 어구를 생략하거나 문장을 단순화시키는 경향이 있다.

1) 명사의 생략 : 앞에 나온 명사가 반복되거나 소유격 다음에 오는 명사의 뜻이 분명할 때

His character is totally different from his brother's (character). (그의 성격은 그의 동생의 성격과 전혀 다르다.)

I have to go to the barber's (shop). (나는 이발소에 가야 한다.)

2) 보어의 생략

He is not such a man as he used to be (a man). (그는 과거의 그러한 사람이 아니다.)

3) 동사의 생략

She became a doctor and her brother (became) a novelist. (그녀는 의사가 되었고 남동생은 소설가가 되었다.)

4) When, while, as, if, though의 접속사로 시작하는 부사절에서 : '주어 + 동사'가 생략되는 것을 흔히 볼 수 있다.

When (he was) young, he had to support his family. (그가 젊었을 때 가족을 부양해야만 했다.)

5) 대부정사 : to부정사는 to + 동사원형을 사용해야 하나, to만 사용하고 앞에 나온 동사를 생략하기도 한다.

You may go whenever you want to (go). (네가 가고 싶을 때 언제나 가도 좋다.)

6) 관용적인 생략

Correct errors if (there are) any. (오류가 있으면 수정하시오.)
No smoking (is allowed). (담배를 피지 마시오.)

07 무생물이 주어인 구문

대부분의 영어문장은 생물이 주어이지만 무생물이 주어로 쓰여 문법적으로 해석하면 우리말이 자연스럽지 못한 경우가 있다. 이때는 주어를 이유, 원인, 조건, 수단을 의미하는 부사처럼 해석하고 목적어를 주어처럼 해석하면 보다 자연스러워진다.

① What makes you so busy? (무엇이 당신을 그렇게 바쁘게 합니까? → 무엇 때문에 당신은 그렇게 바쁩니까?)

② A cold weather has kept me staying at my home. (추운 날씨는 나를 계속해서 집에 머물게 했다. → 추운 날씨 때문에 나는 집에서 계속 머물러있다.)

③ **The management book** will bring you a lot of managerial techniques. (그 경영서적은 당신에게 많은 경영기법을 가져다 줄 것이다. → 그 경영서적을 읽으면 당신은 많은 경영기법을 얻을 것이다.)

④ **This** shows that he have been working very hard. (이것은 그가 매우 열심히 일해 오고 있다는 것을 보여주고 있다. → 이것을 보면 그가 매우 열심히 일해왔다는 것을 알 수 있다.)

Exercise

제 27장 | 특수구문

A. 다음 문장을 우리말로 옮기시오.

1. The fact that he stole the watch surprised us.

   →

2. She is more beautiful than she used to be.

   →

3. He seldom, if ever, goes to the shopping center.

   →

4. I have never had the idea of parting with her.

   →

5. She will, to be sure, come back by tomorrow.

   →

6. What has brought you here?

   →

7. This shows that she is telling us a lie.

   →

8. We are sure that you—a great athlete—will win the game.

   →

● 연습문제 ●

9. The city of Seoul is well known to many people around the world.

   → _____

10. Today's weather forecast says that a typhoon will be coming near the coast tonight.

    → _____

B. 다음 문장에서 강조된 부분, 강조어구에 밑줄을 그으시오.

1. Little did I expect that he would make a lot of money.

2. She is the very woman he falls in love with.

3. What in the world happened?

4. I myself will explain what happened.

5. It was America that Columbus discovered in 1492.

6. I know nothing whatsoever about it.

7. It was not until yesterday that we got the result.

8. What the hell are you doing now?

9. I do hope that she will succeed.

10. She told us the same story again and again.

Exercise

제 27장 | 특수구문

C. 다음 문장을 괄호 안의 단어를 문두에 오도록 바꿔 쓰시오.

1. He little dreamed that he would win the medal. (little)

   →

2. She will not leave; I will not leave, either. (neither)

   →

3. I will never again go to the country. (never again)

   →

4. I had no sooner arrived than I fell ill. (no sooner)

   →

5. As she is poor, she is happy. (poor)

   →

연습문제 정답

제 1장

A 1. 부사 2. 동사 3. 형용사 4. 명사 5. 접속사
6. 형용사 7. 대명사 8. 부사 9. 전치사 10. 감탄사

B 1. cute 2. to 3. fast 4. hard 5. fluently
6. and 7. with 8. How 9. easy 10. but

C 1. 부사, 형용사 2. 부사, 형용사 3. 형용사, 동사
4. 전치사, 부사 5. 부사, 접속사

제 2장

A 1. 주어 2. 보어 3. 목적어 4. 서술어(동사) 5. 목적어
6. 주어 7. 보어 8. 서술어(동사) 9. 주어 10. 보어

B 1. 완전 자동사 2. 불완전 자동사 3. 완전 타동사 4. 수여 동사
5. 불완전 타동사 6. 불완전 타동사 7. 완전 자동사 8. 완전 자동사
9. 불완전 자동사 10. 완전 타동사

C 1. to 2. to 3. for 4. of 5. for

제 3장

A 1. does → doesn't 2. Do you think what → What do you think
3. No → Yes 4. How → What 5. hasn't → has 6. is he → he is

7. will → shall 8. is → be 9. What → How 10. go not → not go

B 1. I don't have a cold.
   2. Is she free today?
   3. Does he know who I am?
   4. She will not come soon.
   5. You don't like her, do you?
   6. How beautiful she is!
   7. Do you know when he will come back?
   8. Please don't make any noise.
   9. Why do you suppose he is sick?
   10. What a beautiful day it is!

C 1. Do you know what he is looking for?
   2. Why do you think he is late today?
   3. Tell me when she is leaving.
   4. Do you know who said like that?
   5. I wonder how she solved the problem.

● 제 4장 ●

A 1. came 2. The pencil 3. went 4. The boy 5. left
   6. the book 7. the day 8. hot 9. The wind 10. time

B 1. 부사구 2. 명사구 3. 형용사구 4. 부사구 5. 명사절
   6. 형용사절 7. 부사절 8. 부사절 9. 명사구 10. 명사절

● 제 5장 ●

A 1. a 2. a 3. X 4. the 5. the

B 1. Dog → A(The) dog 2. the mayor → mayor
　　3. A father → Father 4. the mathematics → mathematics
　　5. violin → the violin 6. an → the
　　7. the bed → bed 8. a → the
　　9. the plane → plane 10. is → are

C 1. such a beautiful flower 2. quite a little 3. All of a sudden
　　4. as kind a girl 5. half the size of 6. me on the head

D 1. Twins are naturally of an age.
　　2. The young should respect the old.
　　3. Who is the man dancing on the stage.
　　4. The earth moves around the sun.
　　5. He has a great many friends.
　　6. I visited the United States last year.
　　7. He is an Einstein in his country.

● 제 6장 ●

A 1. money 2. class 3. family 4. dream 5. audience

B 1. coke 2. sugar 3. tea 4. silver 5. coffee

C 1. are 2. is 3. are 4. the legs of the table 5. all the baggage
　　6. is 7. dozen 8. are 9. were 10. is

● 제 7장 ●

A 1. it 2. my 3. Its 4. This 5. It
　　6. that 7. I 8. hers 9. those 10. such

B 1. I → me 2. her → hers 3. this → that 4. It's → Its
   5. these → those 6. her mother → her mother's 7. such → so
   8. her → hers 9. so → such 10. me → mine

C 1. it 2. such 3. so 4. yourself 5. that
   6. those 7. it 8. itself 9. that 10. that

● 제 8장 ●

A 1. one 2. others 3. one, the other 4. each 5. are
   6. any 7. any 8. boy, is 9. another 10. Whose

B 1. know → knows 2. was → were 3. the other → the others
   4. were → was 5. Whom → Who 6. one → it 7. any → some
   8. neither → either 9. the other → another 10. have → has

● 제 9장 ●

A 1. is 2. sent 3. will be 4. will come 5. writing

B 1. be 2. discovered 3. will 4. plays 5. was watching

C 1. comes → will come 2. borne → born 3. got → get
   4. was → is 5. will come → come 6. works → will work
   7. wrote → was writing 8. breaks → broke 9. will be → is
   10. will rain → rains

D 1. He used to go for a walk in the morning.
   2. She will be leaving for Hong Kong on Sunday.
   3. Wait there until she comes back.
   4. If it snows tomorrow, I will go skiing.
   5. It is said that Columbus discovered America in 1492.

제 10장

A 1. (완료) 2. (경험) 3. (결과) 4. (계속) 5. (계속)

B 1. (경험) 2. (완료) 3. (결과) 4. (계속) 5. (경험)

C 1. had seen 2. had been 3. have 4. has 5. had

D 1. have you seen → did you see
2. have married → have been married
3. have seen → had seen
4. has begun → began

제 11장

A 1. can 2. must 3. do 4. may(might) 5. shall
6. have 7. may 8. must 9. will

B 1. He will be able to run very fast.
2. She did not use to stay here. 또는 She used not to stay here.
3. She may well be proud of her daughter.
4. You don't have to go to school now.
5. Will I be able to visit your office today?
6. May we play baseball on the ground?
7. Never did I dream that he would succeed.
8. I don't think so, either.
9. He had to work hard to support his family.
10. Do you have to do the work?

연습문제 정답

● 제12장 ●

A 1. finish → to finish   2. of → for   3. in helping → to help
   4. run → to run   5. to accept → accept   6. help → to help
   7. of → for   8. marry → to marry   9. to not → not to
   10. repair → repaired

B 1. of   2. to   3. It   4. of   5. to   6. for   7. to   8. it   9. to   10. of

C 1. what   2. whether   3. go   4. not to   5. call
   6. to carry   7. which   8. easy   9. go   10. leave

● 제13장 ●

A 1. to study → studying   2. seeing → to see
   3. to hear → hearing   4. having not → not having
   5. donating → to donate

B 1. no   2. to   3. like   4. near   5. of

C 1. getting up   2. visiting   3. help   4. On   5. on
   6. seeing   7. singing   8. colliding   9. no   10. without

● 제14장 ●

A 1. singing   2. standing   3. fallen   4. taken   5. wounded
   6. camping   7. spoken   8. opening   9. working   10. sowing

B 1. fixed   2. burning   3. exhausted   4. made   5. educated

C 1. 나는 너의 집을 찾는 데 어려움을 겪었다.

2. 나는 그 사진관에서 사진을 찍었다.
3. 그녀는 딸이 미국에서 교육받기를 원한다.
4. 그는 출발 준비를 하느라 바쁘다.
5. 나는 그녀가 위층에서 노래하고 있는 것을 들었다.

● 제 15장 ●

A 1. Being → It being 2. Having walked → Walking
   3. Seeing → Seen 4. Knowing not → Not knowing
   5. It was given to my friend → I gave it to my friend
   6. set → having set 7. having been → being
   8. Judged → Judging 9. in → with 10. Writing → Written

B 1. Having completed 2. Judging 3. Seen
   4. Shocked 5. folded

● 제 16장 ●

A 1. few 2. a few 3. many 4. little 5. lighter
   6. taller 7. of 8. largest 9. strongest 10. as

B 1. think → thinks 2. was → were 3. lives → live
   4. many → much 5. was → were 6. few → little 7. so → as
   8. lie → lies 9. many → much 10. as → so

C 1. as 2. to 3. as 4. so 5. less

● 제 17장 ●

A 1. hard 2. yet 3. ago 4. either 5. much
   6. well 7. ever 8. late 9. much 10. once

B 1. lately → late 2. gets usually → usually gets
3. much → very 4. ago → before 5. on it → it on
6. seem → seems 7. hardly → hard 8. prettily → pretty
9. highly → high 10. much → very

C 1. carefully 2. early 3. perhaps 4. still 5. rarely

D 1. I seldom go to the tennis court on Sunday.
2. You know well enough what I said.
3. Have you finished your homework yet?
4. No sooner had we left than it started to snow.
5. My son plays basketball pretty well.
6. Jane is so tired that she can hardly go up to the stairs.
7. He could scarcely spell his own name.
8. You cannot be too careful in choosing your friends.
9. She usually studies in the library.
10. You are also more or less responsible for the accident.

E 1. later 2. enough 3. more 4. yet 5. There

● 제 18장 ●

A 1. best → better 2. is he → he is 3. Whom → Who
4. How → What 5. Do you think when → When do you think
6. What → Which 7. why to do → why I should do
8. are there → there are 9. What → Which 10. How → What

B 1. Whose 2. who 3. best 4. Which 5. how

C 1. Whose 2. What 3. how 4. Why 5. Where

D 1. He knew when I would be back.

2. Which do you like better, apples or oranges?
3. I wonder whose money this is.
4. What in the world do you mean?
5. What do you say to trying this medicine?

제 19장

A 1. Look at the boy who is playing baseball.
2. This is the watch which you are looking for.
3. She has a girl whose name is Mary.
4. The soup opera I watched yesterday was not interesting
5. San Francisco is a city whose beauty is known to everybody.

B 1. which 2. whose 3. which 4. who 5. whom

C 1. whose 2. whose 3. whom 4. which 5. of which

D 1. I know the boy who is a student.
2. This is a rose which I like.
3. She has lost a watch which I bought for her yesterday.
4. I love a beautiful girl whose mother is a professor.
5. What is the house whose roof we see vaguely? 또는 What is the house the roof of which we see vaguely?

제 20장

A 1. that 2. that 3. what 4. who 5. that
6. What 7. which 8. what 9. who 10. but

B 1. that 2. Whoever 3. what 4. that 5. Whatever
6. than 7. what 8. whichever 9. which 10. what
11. but 12. whatever 13. what 14. as 15. Whomever

제 21장

A 1. when 2. why 3. where 4. how 5. Whenever
6. when 7. that 8. wherever 9. where 10. when 11. where

B 1. how 2. when 3. that 4. wherever 5. Where
6. However 7. where 8. whenever 9. Whatever 10. However

C 1. wherever → where 2. how → however 3. that → where
4. Where → Wherever 5. However → Whatever
6. where → when 7. How → However 8. which → where
9. why → how 10. How → However

D 1. She went to Berlin, where she stayed for three days.
2. Could you tell me the time when the traffic accident occurred?
3. What is the reason why she is absent?
4. This is the place where I used to live 10 years ago.
5. The reason why he left remains a mystery.

제 22장

A 1. with 2. with 3. to 4. to 5. to
6. with 7. at 8. at 9. in 10. with

B 1. by → to 2. are sold → sell 3. interesting → interested
4. breaking → broken 5. nobody → anybody
6. excited → exciting 7. said → is said 8. seeing → seen
9. was grown → grew 10. carry → carried

제 23장

A 1. would 2. returned 3. were 4. were 5. should
6. should rain 7. have failed 8. would talk 9. arrived
10. had been

B 1. and 2. could 3. were 4. were 5. Unless
   6. Granted 7. otherwise 8. But for 9. To see 10. went

제 24장

A 1. is → are 2. have → has 3. is → are
   4. said to → asked 5. are → is

B 1. would 2. has 3. am 4. is 5. goes

C 1. He asked me if I liked her.
   2. She told him that she had been to Europe before.
   3. He said that it would be sunny the next(following) day.
   4. He told me that he would go there the next(following) day.
   5. He said that he was tired, but that he could do it.

제 25장

A 1. that 2. and 3. because 4. as 5. so
   6. and 7. both 8. or

B 1. far 2. so 3. before 4. moment 5. Where
   6. whether 7. should 8. or

C 1. when → as 2. and → or 3. If → Whether
   4. should not → should 5. Since → As 6. As → Though

제 26장

A 1. at 2. in 3. to 4. on 5. below
   6. through 7. by 8. till 9. since 10. in

B 1. on 2. to 3. at 4. from 5. for
   6. with 7. of 8. into 9. by 10. on

C 1. write to → write with 2. of → from 3. about → round
   4. between → among 5. to → with 6. till → by
   7. during → through 8. as → to 9. in → of 10. in → from

● 제 27장 ●

A 1. 그가 시계를 훔쳤다는 사실이 우리를 놀라게 했다.
   2. 그녀는 예전보다 지금이 더 아름답다.
   3. 그는 간다고 해도 쇼핑센터를 거의 가지 않는다.
   4. 나는 그녀와 헤어질 거라는 생각을 가진 적이 없다.
   5. 그녀는 확실히 내일까지 돌아올 것이다.
   6. 무슨 일로 당신은 여기에 왔습니까?
   7. 이것을 보면 그녀가 우리에게 거짓말하고 있다는 것을 알 수 있다.
   8. 훌륭한 선수인 당신이 게임을 이길 것이라고 확신한다.
   9. 서울이라는 도시는 전세계 많은 사람들에게 잘 알려져 있다.
   10. 오늘의 예보에 의하면 태풍이 오늘밤 해안가 가까이 다가올 거라고 한다.

B 1. little 2. very 3. in the world 4. myself 5. America
   6. whatsoever 7. not until yesterday 8. the hell 9. do
   10. again and again

C 1. Little did he dream that he would win the medal.
   2. She will not leave; neither will I.
   3. Never again will I go to the country.
   4. No sooner had I arrived than I fell ill.
   5. Poor as she is, she is happy.

"Heaven helps those who help themselves.
하늘은 스스로 돕는 자를 돕는다."

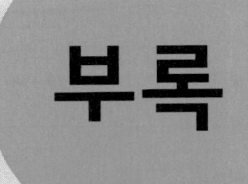

- 로마자 한글 표기법
- 수사 읽는 방법
- 형용사 · 부사 변화표
- 불규칙 동사 변화표
- 불규칙 복수형 명사 변화표

로마자 한글 표기법

1. 모음

국어	ㅏ	ㅓ	ㅗ	ㅜ	ㅡ	ㅣ	ㅐ	ㅔ	ㅚ	ㅑ	ㅕ	ㅛ	ㅠ	ㅒ	ㅖ	ㅘ	ㅙ	ㅝ	ㅞ	ㅟ	ㅢ
표기법	a	eo	o	u	eu	i	ae	e	oe	ya	yeo	yo	yu	yae	ye	wa	wae	wo	we	wi	ui

2. 자음

국어	ㄱ	ㄲ	ㅋ	ㄷ	ㄸ	ㅌ	ㅂ	ㅃ	ㅍ	ㅈ	ㅉ	ㅊ	ㅅ	ㅆ	ㅎ	ㅁ	ㄴ	ㅇ	ㄹ
표기법	g/k	kk	k	d/t	tt	t	b/p	pp	p	j	jj	ch	s	ss	h	m	n	ng	r/l

3. 국어의 새 로마자표기법 용례

❶ ㄱ, ㄷ, ㅂ, ㅈ은 k, t, p, ch에서 g, d, b, j로 통일

  ex) 부산 : Pusan → Busan, 대구 : Taegu → Daegu
  (단 ㄱ, ㄷ, ㅂ이 받침에 올 때는 k, t, p로 / 곡성 → Gokseong, 무극 → Mugeuk)

❷ ㅋ, ㅌ, ㅍ, ㅊ은 k', t', p', ch'에서 k, t, p, ch로 변경

  ex) 태안 : T'aean → Taean, 충주 : Ch'ungju → Chungju

❸ ㅅ은 sh와 s로 나눠 적던 것을 s로 통일

  ex) 신라 : Shilla → Silla, 실상사 : Shilsangsa → Silsangsa

❹ 발음상 혼동의 우려가 있을 때 음절 사이에 붙임표(-)사용

  ex) 중앙 : Jung-ang

❺ 성과 이름은 띄어쓰고 이름은 붙여쓰되 음절 사이에 붙임표 사용 허용

  ex) 송나리 : Song Nari(또는 Song Na-ri)
  (단 이름에서 일어난 음운변화는 무시 : 김복남 Kim Boknam)

수사 읽는 방법

기 수	서 수
1 / one	1st / first
2 / two	2nd / second
3 / three	3rd / third
4 / four	4th / fourth
5 / five	5th / fifth*
6 / six	6th / sixth
7 / seven	7th / seventh
8 / eight	8th / eighth*
9 / nine	9th / ninth*
10 / ten	10th / tenth
11 / eleven	11th / eleventh
12 / twelve	12th / twelfth*
13 / thirteen	13th / thirteenth
14 / fourteen	14th / fourteenth
15 / fifteen	15th / fifteenth
20 / twenty	20th / twentieth*
21 / twenty-one	21st / twenty-first
30 / thirty	30th / thirtieth
40 / forty*	40th / fortieth*
50 / fifty	50th / fiftieth
100 / one hundred	100th / hundredth

- hundred, thousand, million 등은 앞에 복수의 수가 올 때 복수형으로 하지 않음.
  ex) two hundred / three thousand
- hundred, thousand 등이 복수형으로 쓰이면 「수백」, 「수천」의 뜻을 갖는다.
  ex) Thousands of people live near the lake.

수사 읽는 방법

1. 정수

23 -- twenty-three

99 -- ninety-nine

452 -- four-hundred (and) fifty-two

3,891 -- three-thousand eight-hundred (and) ninety-one
= thirty-eight hundred (and) ninety-one

2,001 -- two thousand (and) one

2. 분수 (분자 : 기수, 분모 : 서수로 읽되, 특히 분자가 복수일 때는 분모에 's'를 붙임)

1/3 -- a third

2/3 -- two-thirds

1/2 -- a(one) half

1/4 -- a(one) quarter

3/4 -- three quarters

3. 소수 (정수 : 일반적인 방법, 소수이하 : 한 자리씩)

3.14 -- three point one four

26.43 -- twenty-six point four three

0.195 -- zero point one nine five

4. 연도 (뒤에서 두 자리씩 끊어 읽는다)

1999 -- nineteen ninety-nine

2000 -- (the year) two thousand (cf. Y2K)

2002 -- two thousand (and) two

5. 월일, 시각

April 6 -- April six = April (the) sixth = the sixth of April

3:00 -- three o'clock (sharp)

3:15 -- three fifteen = a quarter past three

3:30 -- three thirty = a half past three

3:45 -- three forty-five = a quarter to four

6. 전화 번호(한 자리씩 끊어 읽는다)

443-2868 -- four four three two eight six eight
712-9200 -- seven one two nine two o[ou] o[ou]
= seven one two nine two double o[ou]

7. 기타

Lesson 4 -- Lesson four = the fourth lesson (4과)
Track 2 -- Track two = the second track (2번 트랙, 2번 홈)
Gate 34 -- Gate thirty-four (34번 탑승구)
World War II -- World War two
= the second World War (2차 세계대전)
Elizabeth II -- Elizabeth the second (엘리자베스 2세)

형용사 · 부사 변화표

뜻	원급	비교급	최상급
추운	cold	colder	coldest
소수의	few	fewer	fewest
아주 큰	great	greater	greatest
넓은, 큰	large	larger	largest
바쁜	busy	busier	busiest
쉬운	easy	easier	easiest
큰	big	bigger	biggest
나쁜, 아픈	bad, ill	worse	worst
좋은, 잘	good, well	better	best
많은	many, much	more	most
적은, 작은	little	less	least
멀리, 먼	far	farther(거리) farthest	further(정도) furthest

불규칙 동사 변화표

뜻	현재	과거	과거 분사
…이다	am, are, is	was, were(are)	been
…이 되다	become	became	become
시작하다	begin	began	begun
불다	blow	blew	blown
부수다	break	broke	broken
가져오다	bring	brought	brought
건축하다	build	built	built
사다	buy	bought	bought
잡다	catch	caught	caught
오다	come	came	come
자르다	cut	cut	cut
하다	do, does	did	done
마시다	drink	drank	drunk
운전하다	drive	drove	driven
먹다	eat	ate	eaten
느끼다	feel	felt	felt
찾아내다	find	found	found
잊다	forget	forgot	forgotten, forgot
얻다	get	got	gotten, got
주다	give	gave	given
가다	go	went	gone
가지다	have, has	had	had
듣다	hear	heard	heard
지키다	keep	kept	kept
놓다	lay	laid	laid
떠나다	leave	left	left
빌려주다	lend	lent	lent
눕다	lie	lay	lain
잃어버리다	lose	lost	lost
만들다	make	made	made
만나다	meet	met	met
지불하다	pay	paid	paid
놓다, 두다	put	put	put
읽다	read	read[red]	read[red]
달리다	run	ran	run
말하다	say	said	said

뜻	현재	과거	과거 분사
보다	see	saw	seen
보내다	send	sent	sent
흔들다	shake	shook	shaken
보여주다	show	showed	shown
노래하다	sing	sang	sung
앉다	sit	sat	sat
잠자다	sleep	slept	slept
냄새를 맡다	smell	smelt, smelld	smelt, smelled
말하다	speak	spoke	spoken
소비하다	spend	spent	spent
서다	stand	stood	stood
훔치다	steal	stole	stolen
수영하다	swim	swam	swum
잡다, 얻다	take	took	taken
가르치다	teach	taught	taught
말하다	tell	told	told
생각하다	think	thought	thought
이해하다	understand	understood	understood
이기다	win	won	won
쓰다	write	wrote	written

불규칙 복수형 명사 변화표

뜻	단 수	복 수
어린이	child	children
발	foot	feet
신사	gentleman	gentlemen
거위	goose	geese
남자	man	men
생쥐	mouse	mice
양	sheep	sheep
이	tooth	teeth
아내	wife	wives
여자	woman	women

MEMO